부동산 관리도 경영의 시대

부동산 관리도
경영의 시대

이헌 지음

매일경제신문사

프롤로그

내 꿈은 어린 시절부터 치킨 한 마리를 혼자 먹는 것이었다. 가정 형편이 어려웠던 유년시절, 그렇게나 좋아하는 치킨을 제대로 먹어본 적이 없기 때문이다. 그렇게 한 마리 치킨을 온전히 먹기 위해 시작한 내 첫 사업은 흔히 말하는 '대박'이라는 표현이 어울릴 정도로 성공적이었다. 이후 20대 후반부터 40대에 이르기까지 하자보수 전문가, 주택관리 실무전문가로 살아오면서, 한 해 한 해 사업을 거듭할수록 성공에는 노력이 뒤따라야 한다는 것을 배우며 현재도 꾸준히 공부에 전념하고 있다.

나는 공동주택 하자보수 실무자로서 건축의 실제 내용연수를 대비해 그에 맞는 공사와 최고의 서비스로 AS 5년의 유지 관리를 제공해왔다. 또한 건물시설 관리, 주택 관리라고도 하는 건물종합관리업체를 직접 운영하면서부터는 기존 관리업체들이 소형 아파트와 빌라, 상가 등에는 제공하지 않는 24시간 긴급출동, 정기순회 관리, 안전 관리를 비롯해 관리규약, 하자담보책임, 하자보증, 집합건물법, 공동주택관리법 등을 포함한 종합서비스 자산 관리를 기존 관리업체의 수수료 정도만 받으면서 최저가에 최고 서비스를 제공해왔다.

그러나 공부했던 이론을 나름대로 실무에서 적용하면서 질 좋은 관리와 안전한 관리문화를 만들기 위해 최선을 다해 살아오던 나는 사기와 횡령, 배임을 일삼는 '이웃사기꾼'에게 피해를 당해 가치관이 송두리째 흔들린 적이 있다. 물론, 지금도 우리 주위에는 거짓뉴스를 퍼뜨리고 일감 몰아주기, 사기와 횡령, 배임을 일삼는 '이웃사기꾼'들이 버젓이 활개를 치고 있고, 현재 우리 아파트, 상가, 오피스텔 등에서 실제로 내가 당했던 것과 같은 일들이 벌어지고 있다.

건물시설 관리는 관련 법규가 있음에도 불구하고, 입주자들의 무책임, 무관심과 이를 악용하는 일부 입주자대표의 횡령, 뒷돈 거래, 일감 몰아주기 등이 실제 현장에서 빈번하게 일어나고 있다. '이웃사기꾼'들은 거짓뉴스를 만들고, 입주자를 현혹하여 졸속정치를 하게 만든다.

투명한 부동산 관리와 경영을 통한 자금 관리, 자산 관리는 선진국형 부동산 종합관리라고 말한다. 나는 이 책을 통해 공동주택에 거주하는 입주자들에게는 쾌적하고 안전한 관리문화를, 부동산 관리사업체를 운영하는 분들에게는 변화의 방안을 제안하고자 한다.

이헌

프롤로그 • 4

PART 01 이제는 관리도 경영의 시대

1. 시설·건물·부동산 관리　　　　　　　　　　12

PART 02 부동산 관리와 부동산 종합서비스

1. 종합서비스의 탄생　　　　　　　　　　28
2. 관리업체와 관리자의 변화　　　　　　　　　　31
3. 종합서비스와 부동산 서비스산업진흥법　　　　　　　　　　37
4. 종합서비스의 선진 사례　　　　　　　　　　39
5. 왜 부동산 종합서비스인가?　　　　　　　　　　41

PART 03 투명하고 안전한 건물 관리를 위해

1. 비의무관리 대상인 중소형 건물의 실태   46
2. 통합 관리가 필요한 시대   48
3. 효율적인 관리 방안   50
4. 부동산 관리와 종합서비스의 비전   58
5. 건물의 일반 관리 규정   65

PART 04 부동산 종합 관리와 협력사업 종합서비스

1. 부동산 경영 관리 사례   74
2. 친절봉사와 안전사고 예방   83
3. 관리비 징수와 체납 시 대책   85
4. 부적법한 가칭관리단 피해 사례   88

PART 05 부동산 종합 관리의 효율성

1. 부동산 관리 시장의 현황   94
2. 집합건물의 효율적 관리와 관리비 절감 방안   97
3. 건물 관리업체 및 관리자의 능력 향상   102
4. 건물의 경제적·인적 관리   113
5. 실제 사례를 통한 관리비 분석   115

PART 06

골목 시장 중소형 부동산 관리

1. 실무자가 경험한 건물 관리	130
2. 중소형 건물의 관리	132
3. 관리자 업무 현황	142
4. 시설 관리 운영의 중요사항	148
5. 중소형 일반 건물 관리 계약	152
6. 안전 관리 대행업체 일반 창업자 확인사항	157
7. 공용 관리의 기본	159
8. 일반 건물 관리자 하자보수 접수 매뉴얼	162
9. 관리단 집회 절차 및 소집 방법	165
10. 무인(혼합) 관리 안내문 사례	167
11. 한눈에 보는 수익형 건물의 관리 노하우	170
12. 빌라, 소형 오피스텔의 관리단 추인 동의서 샘플	216
13. 분양건물의 최초 관리업체에 대한 안내	219
14. 신축건물 관리업체 선정 동의서 샘플	222
15. 집합건물 관리 용역계약서 샘플	226
16. 반상회 회의록(일반) 샘플	234
17. 변호사의 설명을 추가한 집합건물 관리 용역계약서 사례	236

PART 07 수익형 공동주택 하자보수 실무

1. 2019년 공동주택의 하자보수 이권 상황   246
2. 하자보수보증금 청구와 소송의 장단점   273
3. 시설공사별 하자판정 기준   278
4. 부동산 종합서비스의 필요성   285

에필로그 • 290
부록 • 292
참고 자료 • 295

PART 01

이제는 관리도
경영의 시대

시설·건물·부동산 관리

 부동산 종합서비스 중 FM시설 관리 및 부동산 관리는 전문 관리기술을 활용해서 건물을 양호한 상태로 유지하는 것을 말한다. 시설 관리는 크게 전기, 기계, 소방, 승강기 등의 전문분야들을 포함한다. 시설 관리업체(Facility manager)는 건물 유지 및 리스크 관리, 시설 관리, 청소, 보안 등 하드웨어 측면의 건물 시설 관리 업무를 맡아 시설 사용자나 사용 관련 부문 요구에 대응한다.

 시설 관리업체와 관리소장은 관리대행 및 납부대행을 주 업무로 한다. 시설 관리업체는 상시적으로 건물의 사용자 및 구분소유주에게 업무보고를 진행하고, 끊임없이 의사소통을 해야 한다. 시설물에 문제가 생겼을 때는 즉시 입주민대표에게 보고 후 처리하는 것이 입주민대표의 불쾌감을 줄일 수 있다.

 요즘 본사에서 자체적으로 해결하는 경우는 긴급한 상황뿐이다. 긴급 누수, 누전 등 긴급 상황을 제외하고는 입주민대표에게 상황정리 후에 보고하면 굉장히 불쾌감을 나타낼 수 있다. 쉽게 말해 신뢰감이 떨어질 수 있다. 그러므로 어떤 상황이 발생하든 즉각 사용자에게 상황을 보고한 후 문제를 해결할 수 있도록 시스템을 갖추고 있어야 하고, 주기적인 소통을 통해 업무보고 현황을 체크해야 한다. 그러나 현재 관리는 관리단대표 및 입주민대표라고 하는 일부 주체에게만 보고하는 시스템을 갖추고 있어, 그 외 입주자 및 사용자의 불편함이 더해가고 있다.

최근의 시설 관리업은 인력 관리에만 초점이 맞춰져 있지만, 인력의 비전문성으로 인해 과도한 인건비 대비 질 좋은 서비스를 제공받기 어려운 것이 현실이다. 부동산의 플랫폼 4차기술을 넘어서서 부동산이 가진 인력 중심의 관리 기반이라는 인적특수성을 포함한 서비스 산업으로 나날이 진화되어야 한다.

부동산 관리는 이제 서민 재산의 90%인 부동산을 지키는 유일한 방법이다. 시장과 인식의 변화, 세대의 변화로 인해 소유에서 거주로 패턴이 바뀌는 상황이지만, 대한민국에서 부동산에 대한 요구와 가치는 여전히 변하지 않는다.

지금은 부동산의 가치가 땅값으로 인한 부의 축적을 넘어서서 관리로 인한 가치상승으로 넘어가는 과도기의 세대이다. 신축과 구옥이 함께 넘쳐나는 시대에서 인근 건물보다 가치상승을 얻으려는 노력은 이전부터 이어지고 있었다. 다만, 우리는 그 방법을 몰라서 광고에만 기대어 공실률을 해결하려고 했었는지 모른다.

부동산 관리의 필요성

두 가구 이상이 사용하는 빌라, 상가 등의 건물은 대개 3층 이상의 철골 또는 철근콘크리트조 건물로 엘리베이터 설비와 냉난방 설비를 갖추고 있다. 또한 밀레니엄세대의 등장으로 주먹구구식 관리에 대한 변화 요구, 신축분양 시장의 경기 한파로 미분양이 넘쳐나는 시기에 건물 관리와 관련해서 체계적이고 실무 경험이 있는 경영 관리 전문가가 부동산을 관리해야 할 필요성 등이 대두되고 있다. 건물 관리의 필요성은 다음의 다섯 가지로 요약할 수 있다.

첫째, 재산의 90%인 부동산의 경제적 가치를 보존하기 위해서이다. 건물 관리를 방치하는 경우 건물의 내외장이 부식되거나 시간이 경과되면서 자연 훼손되어 급격한 노후화를 초래한다. 그로 인해 건물에 부착된 각종 설비와 기기들은 내용연수보다 빠르게 노후되고, 계속적으로 관리하지 않으면 기능이 저하되거나 상실되어 그 효율성이 현저히 떨어지며, 경제적 손실로 이어진다. 따라서 각종 설비의 효율성을 유지하기 위해서는 관리가 절대적으로 필요하다. 각종 시설의 효율성이 관리를 통해 극대화될 때 건물의 경제성도 극대화되기 때문이다.

둘째, 건물의 내용연수 연장을 위해서이다. 건물의 내용연수에는 물리적, 경제적, 행정적, 기능적 부분이 있다. 시설 관리가 제대로 된 경우 현대건축공학이 인정하는 물리적 내용연수나 경제적 내용연수를 정해진 범위보다 훨씬 더 연장해 건물 경영 관리의 목적을 달성할 수 있게 된다. 문제는 건물 관리의 질에 관한 것이다. 건물의 내용연수를 연장하기 위해서는 종합적이고 체계적인 매뉴얼에 의해 고도로 숙련된 전문 인력을 투입해 기술 관리 부분과 각종 시설물에 대한 정기적인 점검, 보수 및 개량행위를 함으로써 구조 부분에서 발생할 하자를 사전에 예방하고, 각종 시설의 운전효능을 극대화하도록 해야 한다.

셋째, 공동으로 사용하는 집합건물의 문제점 해결을 위해서이다. 집합건물은 한 동의 건물에 많은 입주자가 이용할 수 있도록 독립적으로 구분된 건물이다. 등기별, 호실별, 지분별 구분소유권이 인정된다. 수많은 사람이 한 건물에 존재하기 때문에 난방이나 공유 부분의 청소, 전기, 시설, 보안 등을 개개인의 구분소유자가 관리한다면 엄청난 비용이 발생될 뿐만 아니라 기능적으로도 어려움이 따르므로 공동 관리가 될 수밖에 없다. 또한 단일 건물에 수많은 입주자가 상주하기 때문에 크고 작은 이해와 충돌이 발생한다. 공유공간이나 면적 전유에서 구분소유자의 사용 다툼, 건물의 노후화로 재건축되는 단계에서 발생되는 충돌의 조정 등을 위해서라도 더욱더 부동산 관리행위가 필요하다.

넷째, 경영을 통한 가치상승을 위해서이다. 현대의 부동산은 건축기술의 발달과 더불어 지가상승 등으로 투자에 대한 부담이 상당히 커졌다. 더불어 부동산 경기하락 등으로 투자자 및 구분소유주의 근심은 날로 더해간다. 그로 인해 경영의 수익목표 역시 대단한 규모로 정해져 좁은 의미의 기술만으로는 경영목표를 달성할 수 없게 되었다. 따라서 넓은 의미의 경제적 관리(경영 관리), 법률적 관리, 기술적 관리를 병행하는 종합적인 경영 관리를 해야만 수익목표를 달성할 수 있을 것이다.

다섯째, 인명보호 및 국가재산의 보호를 위해서이다. 오늘날 건물과 관련된 사고를 예를 들어보면 화재나 엘리베이터 추락, 누전사고, 가스누출사고, 폭파사고 등을 들 수 있고, 묻지마 파손, 강도, 절도사건, 차량충돌로 인한 파손 및 인명 손상 등도 이에 해당된다. 또한 건물 외부의 누수는 변전실, 지하에 있는 전기인입 시설인 특고압 선로 전반에 영향을 주고, 추위와 더위의 온도차에 의한 콘크리트의 수축팽창 작용이 거듭되면 외벽이 무너져 지상에 지나던 사람을 다치게 하는 등 각종 사고에 따른 위험이 곳곳에 도사리고 있다.

따라서 우리의 귀중한 인명과 재산을 보호하기 위해서는 건물의 각 분야에서 체계적인 순찰과 점검, 정기적인 보수, 출입자에 관한 보안관리, 입주자의 사후 관리, 문제설비의 사전교체, 정기적인 교육프로그램 실시 등 다양한 노력이 필요하다.

건물도 폭발이나 붕괴가 발생할 수 있다. 그 건물 안에 상주하는 인원은 물론 출입하는 사람들도 결코 안전할 수 없으며 언제든 위험에 빠질 수 있다. 화재보험 등의 후방안전 분야는 이미 위험이 발생한 후의 문제이다. 인적, 물적 피해는 향후 자산가치 상승에 제동을 건다. 그러나 더욱 중요한 것은 건물 관리자(관리주체)가 건물의 누수, 붕괴, 화재, 폭발 등의 원인을 사전에 발견했다 하더라도 실제 결정 권한이 있는 관리인 및 구분소유자가 사전예방에 대해 확실한 의사결정을 하지 못한다면 건물의 안전을 사전에 도모할 기회가 적다는 것이다. 철저한 사전 관리 없이는 그 어떤 인명과 재산도 보호할 수 없음을 인식해야 하고, 다시 한 번 기존 건물 관리에서 미흡한 문제점을 재발견해야 할 것이다.

골목 시장 집합건물 관리의 법적근거

집합건물 관리는 '집합건물의 소유 및 관리에 관한 법률'에 따른 구분소유 관계가 성립하는 경우, 같은 법 제23조제1항에 따른 관리단에서 관리하고, 비영리 또는 영리법인으로 관리한다. 이는 집합건물 관리단의 의사에 따른다.

또한, 관리규약(집합건물의 소유 및 관리에 관한 법률 제28조(규약))을 설정해 구분소유자의 동의를 받아 관리해야 한다.

골목 시장 집합건물 관리 방법

❶ 건물의 생애주기비용

건물의 구조 특성 면에서 자산평가 수명을 60년으로 보았을 때 건축물의 생애주기비용(LCC : Life Cycle Cost) 중 운영 관리비용은 83% 이상을 점유하는 것으로 나타났다.

〈건물의 생애주기비용 구성〉

(단위 : %)

기획설계비용	건설비용	운영 관리비용	폐기처분비용	계
0.4	16	83.2	0.4	100

결국 건물의 수명을 고려할 때, 건물의 운영 관리를 어떻게 하느냐에 따라 건물의 가치가 결정되는 것이다.

❷ 건물의 운영 방식

- 직접 관리(직영) – 구분소유자가 단독 또는 관리요원을 고용해 직접 관리하는 방식이다.

장점	단점
• 입주자에 대한 최대한의 서비스를 제공할 수 있다. • 소유자의 지시 및 통제 권한이 강하다. • 종횡의 연락이 신속하고, 보안 관리 및 보수 관리가 효율적이다. • 기밀유지와 보안 관리가 양호하다. • 양호한 환경보전이 가능하다. • 관리요원들의 시설물에 대한 애호 정신이 높다.	• 업무가 타성에 젖기 쉽고, 적극성이 결여되어 있다. • 관리의 전문성이 부족할 경우가 많다. • 개혁이 곤란하다. • 인건비가 불합리하게 높아진다. • 임료의 경정, 수납이 불합리하게 된다.

- 위탁 관리(도급 관리) – 구분소유자가 관리하지 않고 대행업체 등에 위탁 관리하는 방식이다. 위탁수수료만 부과하는 위탁 관리와 관리 전체를 위임하는 노급 관리가 있다.

장점	단점
• 구분소유자가 본업에 전념할 수 있다. • 급여체계나 노무가 단순화된다. • 관리업무의 매너리즘(무사안일)화가 방지된다. • 전문업자를 활용하면서 합리적인 빌딩 관리를 할 수 있다(이론상).	• 관리사 또는 전문 관리회사의 신뢰도에 문제가 있을 수 있다. • 전문 관리회사 관리요원 등의 인사이동이 잦을 수 있다. • 빌딩 내 기밀유지 및 보안이 불안전하다. • 관리요원들의 빌딩 설비에 대한 애호 정신이 낮다. • 각 부분의 종합적인 관리가 용이하지 않다.

- 혼합 관리 – 직접(직영) 관리와 위탁 관리의 장점만을 적용한 형태로, 빌딩 관리업무의 일부는 위탁하고 나머지는 직영하는 방식이다.

장점	단점
• 관리업무에 대한 강한 지도력을 계속 확보하고 시설, 보안, 청소, 소독, 승강기유지 등의 일부만 위탁 관리해 편리를 도모할 수 있다. • 부득이한 업무만 위탁하므로 유리한 경우가 많다. • 입주사에 대한 최대한의 서비스를 제공할 수 있다. • 양호한 환경보전이 가능하다. • 관리요원들의 시설물에 대한 애호 정신이 높다.	• 직접 관리요원과 위탁 관리요원 사이에 의견 대립이 존재한다. • 잘못 운영할 경우 직접 관리와 위탁 관리의 단점만 노출된다.

❸ **소규모 A아파트 운영 방식 사례**(오피스 80호+주택 60세대=한 동 140세대)

관리단	관리업체

• 회장(1명)
• 총무(1명)
• 관리위원회(5명)
  - 감사
  - 감사
  - 감사
  - 감사
  - 감사
	• 소장 : 0명(순회)
	• 경리 : 전산대행
	• 안전 : 4개 업체
	• 미화 : 2명
	• 경비 : 2명
	• 주차 : 0명
	• 조경 : 0명

• 소규모 A아파트는 직영 관리와 위탁 관리의 장점만을 택한 혼합(무인) 관리 형태로, 행정과 경영은 관리단에서 하고, 시설물 관리 분야만을 관리업체에 위탁 관리하고 있다.

단지명	위치	운영 방식	관리비
A아파트	인천시 부평구	혼합(무인) 관리 140세대	35,000원
B오피스텔	안양시	위탁 관리 100세대	75,000원
C아파트	인천시 주안동	혼합 관리 150세대	43,000원
D아파트	부천시	위탁(도급) 관리	85,000원

직영 관리는 관리단, 즉 입주민대표위원회가 직접 관리하는 형태로 혼합 관리 대비 관리비가 월 1만 원 미만으로 저렴하고, 위탁 관리는 상주인의 인건비로 인해 월 2~3만 원 이상 비쌀 수 있다.

④ 중소형 건물의 관리 운영 방식 사례

- 300세대 이하 중소형 건물의 경우 혼합(무인) 관리 방식으로 운영하고 있고, 규모가 큰 300세대 이상 대형 아파트는 위탁(도급) 관리 방식으로 운영하고 있으며 입주민대표 또는 입주민대표회의, 위원회 등 구분소유자들로 구성된 임원회의를 통해 월 1회 이상 (각) 회의를 진행해 의결된 사항을 관리주체에서 집행 및 관리 유지하고 있다.

관리비 산정 방법

관리비 부과 방법에는 월간 실비를 정산하는 독립채산제(실비정산제) 방식과 연간 일정 금액을 정해서 받는 도급(정액제) 방식이 있는데, 직영 관리(직접 관리) 시에는 독립채산제를 채택하고 있고, 위탁 관리와 혼합 관리 등 도급 관리 시에는 대부분 정액제를 채택하고 있다.

〈집합건물 일반 관리비 계정과목〉

계정과목		항목	분류
일반 관리비	인건비	지원센터	센터장 : ○, 관리과장 : ○, 경리/총무/민원 : ○
		시설 관리	시설과장 : ○, 대리 : ○, 주임/기사 : ○(○인1조 3교대 근무)
		경비·주차 관리	경비팀장 : ○, 경비원 : ○(○인○조 24시간 교대 근무)
		청소 관리	미화팀장 : ○, 미화원 : ○(○개층당 ○인)
			급여+제수당+식대+복리후생비+상여금+연차+퇴직금 등 포함
	제사무비	일반사무용품비	잉크, 복사지, 일반사무용품
		도서인쇄비	주차권 인쇄, 건물 관리 인쇄비(일지 등)
		사무용비품	컴퓨터, 책상, 캐비닛, 복사기, 팩스 등
		교통통신비	전화요금, 우편료, 교통비
	부대비용	교육훈련비	법정교육, 외주위탁교육, 자체교육, 건물 관리 협회비
		복리후생비	휴가비, 명절선물대, 야유회, 회식비
		업무추진비	손님접대용음료대, 생수대, 간식대, 차량유지비
		비품 및 공기구	관리비품, 공구, 청소장비, 경비장구, 정기주차권(RF카드)
		소모품비	시설자재, 청소자재, 화장지, 화장실 방향제, 발전기 유류
		대표회의비	대표위원회의비, 회의비품, 업무추진비
	세금과 공과	세금	부가가치세, 법인세, 취득세 등
		인지대	계약서 등
		부담금	단체협회비, 환경부담금, 교통유발부담금, 도로점용료, 면허세
		전파사용료	전파법 시행령 제119조11, 제1항(무전기)
		지급수수료	은행송금수수료, 소프트웨어 대여비, 세무기장료, 공인회계 감사비
	수선유지비	승강기정기검사비	승강기 및 E/S 정기검사비 : 2008년도 기준

계정과목		항목	분류
일반 관리비	수선유지비	가스 정기검사비	도시가스사업법에 의한 검사료
		전기 정기검사비	전기사업법에 의한 정기검사 ※3년 1회
		E/L유지보수 관리비	엘리베이터(승용 12대, 화물용 1대, 카리프트 ○대)
		시설물정기점검료	시설물의 안전 관리에 관한 특별법 제6조제1호 (연 2회 이상)
		시설물정밀점검료	시설물의 안전 관리에 관한 특별법 제6조제2호 (3년 1회 이상)
		물탱크청소비	○○ton×2회/연
		외부유리 및 외벽청소	외부유리 ○○줄×○○면 1인 일 ○○줄×○○원×1회
		소방작동기능검사	소방법에 의한 작동기능점검 : 연 1회
		소방종합정밀검사	소방법에 의한 종합정밀, 점검 : 연 1회
		개보수공사비	설치 공사, 보수 공사, 조경관리비
		시설보수·수리비	시설물의 보수, 시설물의 수리, 관리용구 수리
보험료		화재보험료	화재로 인한 재해보상과 보험가입에 관한 법률 제5조제2항
		주차장 영업배상 책임보험	○○대(1사고 건당 5,000만원 자기부담 10만 원)
소독비		소독(방역·구서)비	연 6회 실시(전염병예방법 시행령 제11조의2)
오물수거비		종량제봉투구입비	종량제봉투
		진개(오물수거료)	각 시, 도의 조례에 따라 부과(폐기물처리비, 쓰레기처리수고비)
수도광열비		가스료	급탕 및 난방료(급탕 : 공용부화장실, 난방 : 관리사무소, 화장실)
		전기료	입주사 전기료, 공용전기료, TV시청료
		수도료	입주사 상하수도료, 공용상하수도료
장기수선		잉여금에서 적립	㎡당 ○원×○㎡ 1년 경과 주요 시설물의 교체, 보수

〈A아파트 관리비 부과내역서 샘플〉

구분	품목	합계	과세 관리비	비과세 관리비	단가(㎡)	비고
지출 비용	관리용역비					계약금액으로 부과
	일반 관리비					계약금액으로 부과
	소독청소비					계약금액으로 부과
	승강기유지비					계약금액으로 부과
	수선유지비					계약금액으로 부과
	보험료					계약금액으로 부과
	기타 부과					해당 세대 부과
	소계(가)					
	주차장 관련 용역비					수익사업장에서 지출 (관리비 미부과)
	주차장 관련 비용					
	기타(집행위원회결정)					
	소계(나)					
	지출 비용 소계					
전기요금	전기기본요금					분양 면적으로 부과
	전기공동사용요금					분양 면적으로 부과
	전기개별사용요금					검침량으로 부과
	전력기금					분양 면적으로 부과
	TV수신료					해당 세대만 부과
	전기요금 계(다)					
수도요금	수도공동요금					분양 면적으로 부과
	수도개별요금					검침량으로 부과
	수도요금 계(라)					

구분	품목	합계	과세 관리비	비과세 관리비	단가(㎡)	비고
지역난방	지역난방 기본요금					해당 지역 분양 면적으로 부과
	근생 지역난방요금					검침량으로 부과
	공장 지역난방요금					검침량으로 부과
	기숙사 지역난방요금					검침량으로 부과
	지역난방 소계(마)					
수입현황	월정기주차료					주차장 사업장 수입
	주차권 판매수입					
	정산소 주차수입					
	게시판 광고수입					
	기타 수입					
	수익사업 수입계					
	연체료 수입					
	공사완공 후 청소, 용수비					
	기타수입					
	목적사업 수입계					
부과금액	총지출금액					
	부가가치세		(지출비용 과세관리비+ 전기, 지역난방 과세부분) ×10%			
	관리비 부과금 총액		가+다+라+마+ 부가가치세			

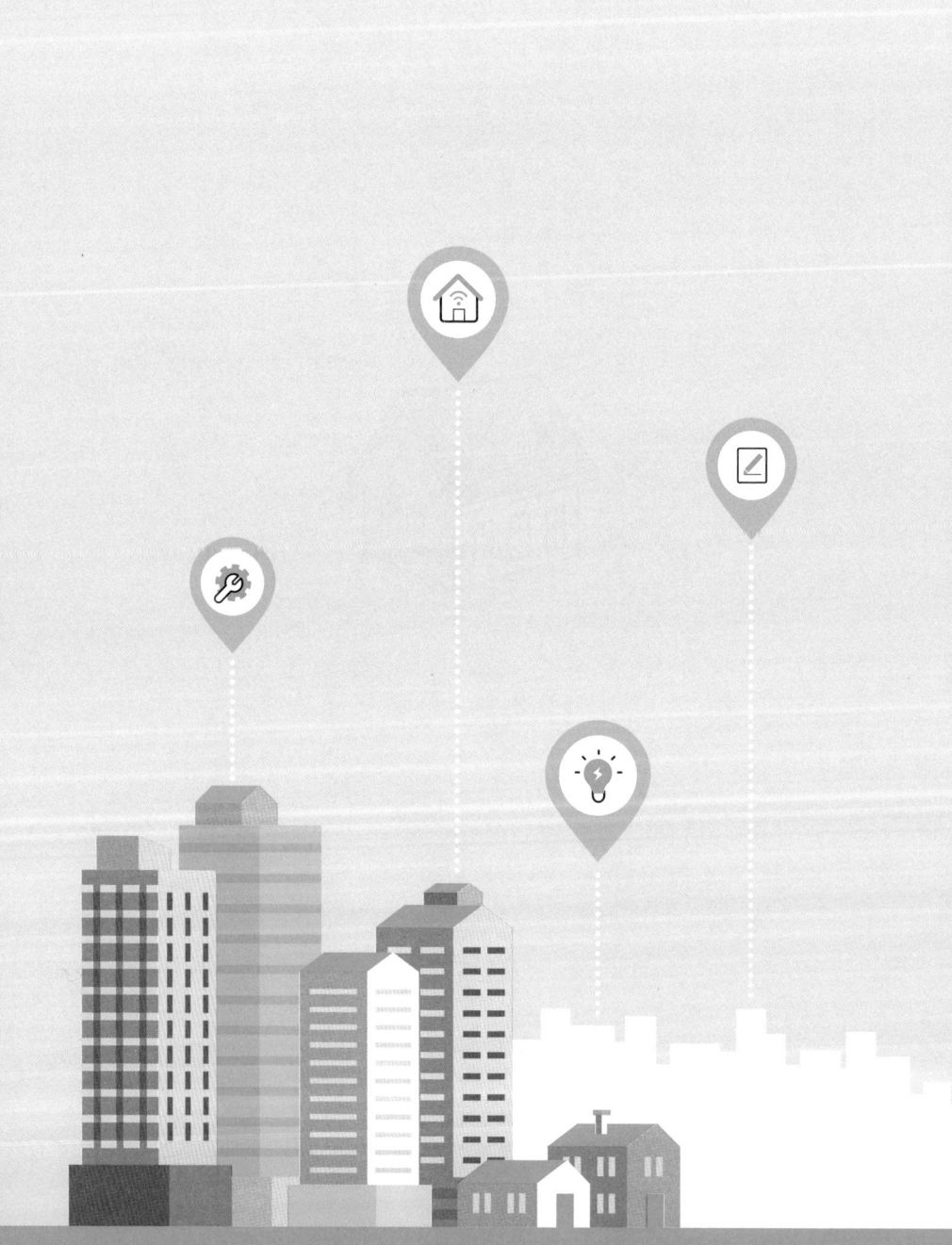

PART 02

부동산 관리와 부동산 종합서비스

종합서비스의 탄생

　부동산 종합서비스는 소비자 중심의 원스톱 서비스이자 동시에 판매자 중심의 다양한 수익을 제공하는 고부가가치산업이다. 스마트폰이 보편화되기 전 부동산 관련 서비스는 대개 거주하는 지역의 공인중개사에게 제공받았다. 주거를 옮기려고 중개업소를 찾으면 우리 어머니들은 이사 갈 집과 부동산 정보 외에도 이삿짐센터, 청소업체, 인테리어업체 등을 공인중개사에게 문의해 서비스받았다. 지역상권의 공인중개사와의 신뢰를 바탕으로 성장했을 부동산 종합서비스는 이전에는 없던 서비스인만큼 새롭게 등장하는 데 큰 어려움이 있다.

　1종 상권에 한 동짜리 주거용 오피스텔이 엄청나게 건축되던 시기가 있었다. 2017년 기준 내가 관리하던 건물은 45동, 4,000세대에 육박했다. 당시 내가 관리하던 건물 입주자들의 요청으로 전속 중개업소를 알아보게 되었는데, 그 건물들이 인근 10km 이내에 삼삼오오 모여 있었기 때문에 3,000~4,000세대를 전속으로 중개하고 싶어 하는 인근 중개업소들이 꽤 있었다. 중개업소 몇 군데를 다니면서 미팅을 해보니, 이삿짐업체와 인테리어업체를 함께 제공한다는 중개업소가 있었다. 그들 말로는 중개업무부터 이삿짐, 청소, 그리고 원상복구 인테리어까지 걱정하지 말라는 것이다. 그러나 그들은 한결같이 수수료 이야기를 했다. A업체는 얼마를 주고, B업체는 얼마를 주더라며 이왕이면 만 원이라도 더 주는 곳을 이용하라는 것이다. 어차피 서비스는 다 똑같으니 이왕이면 수수료를 더 주는 업체로 하는 게 입주자에게도 좋다는 것이다.

나도 이미 이사를 많이 다녀봐서 알고 있었지만, 거주지를 옮긴다는 것은 이사 당일은 물론 인테리어 등의 계약부터 완료까지 신경 써야 할 일이 상당히 많아서 예민해지는 일이다. 그런 상황에 놓인 고객에게 단순히 수수료를 많이 준다는 이유로 업체를 소개한다는 게 내 상식으로는 이해되지 않았다.

물론 전문하자보수로 자체 소장팀을 두고 전국으로 10여 년간 보수공사를 진행했던 나로서는 수수료 만 원 차이가 공사하는 인부들에게 어떤 영향을 끼치는지 너무나 잘 알고 있다. 이사업도 기간이 정해진 업무가 아닌, 한 집이라도 더 해야 하는 일이므로 수익이 적은 이사라면 그들은 빠르게만 진행할 뿐 전문적으로 일을 할 수 없을 것이다. 택배배송만 해도 단순히 물건의 배송에 그치지 않고 서비스 정신과 매뉴얼이 요구되는 시대이다. 하물며 소비자에게 직접적인 서비스를 제공하는 부동산 서비스 분야에서 견적 금액과 수수료만을 따지는 단순 중개 서비스는 서비스의 질을 떨어뜨려 소비자의 신뢰를 얻을 수 없다.

건물 관리는 최소 2년 이상 최대 수십 년까지 할 수 있다. 이러한 안정적인 직종에서 관리와 상관없는 서비스를 단순히 건별 수수료만 생각하고 비전문적인 업체에 중개를 의뢰한다면, 단기간의 부가수익이 있을 수는 있지만, 장기적으로는 입주자와의 신뢰가 형성되지 않아 결국 건물 관리도 해지될 수 있다. 이러한 이유에서 나는 다양한 편의서비스를 제공할 수 있는 부동산 종합서비스를 생각하지 않을 수 없었다. 이미 세상은 제조의 시대에서 서비스의 시대로, 웹 시대에서 앱 시대로, 단일상품 시대에서 다양한 상품을 제공하는 시대로 변화하고 있다. 미래 산업은 부동산 분야도 다양한 종합서비스로 소비자 중심의 원스톱 서비스를 제공해서 다양한 수익도 함께 창출할 수 있어야 한다.

관리업체와 관리자의 변화

관리자는 치열한 국내 단지 환경(아파트, 주상복합, 빌딩, 지식산업센터) 변화에 능동적으로 대처하고, 조직 구성원의 성공적인 변화 관리를 이끌어낼 수 있는 고급 관리소장으로서의 역할을 인식해야 한다. 단지의 비전과 핵심가치, 전략적 경영 관리시스템을 조직구성원에게 효과적으로 전파하고, 공유할 수 있는 능력을 갖추는 동시에 조직구성원의 서비스 및 효율적 운영의 창출과 몰입을 이끌어낼 수 있는 관리 역량을 키워야 한다.

내 스승이신 임범훈 선생은 "지금 우리는 빛의 속도로 변화되고 있는 기술혁명의 시대에 살고 있다. 나날이 치열해지는 경쟁 속에서 주도권을 확보하고, 우월한 위치를 차지하려고 하는 건물 관리의 환경이 갈수록 우리를 압박하고 있다", "기존의 관행과 타성으로는 이러한 치열한 경쟁 속에서 살아남을 수 없고, 변화를 위한 새로운 발상과 각고의 노력 그리고 전략적인 대응만이 생존할 수 있는 세상이 되었다", "자기혁

신이야말로 관리소장의 우위를 결정하고 장기근무 및 좋은 단지의 근무를 실현하는 원천이라는 점에서 정보화를 중심으로 한 전략은, 선택이 아닌 생존의 영역이다", "변화의 크기와 변화에 쓸 수 있는 시간 사이의 관계가 변화의 실행 방법과 변화의 비용과 혜택 및 성공 확률을 결정한다", "관리자의 전략적 사고는 의도하는 최고의 목적을 달성하기 위해서 자사, 경쟁사, 고객, 시장 등의 전략적 요소를 분석해 최적의 대안을 모색하는 사고능력이며 사업전반에 관해서 생각할 수 있고, 조직에 영향을 미치는 외적인 요인과 그 영향력을 분석할 수 있으며, 새로운 관점에서 문제를 보고 해결안을 찾을 수 있는 사고능력을 뜻한다"고 말씀하셨다.

관리자의 전략적 사고란?

급변하고 혁신적인 상황을 현명하게 대처할 수 있는 중요한 능력이다 변하된 환경에 따른 신속한 움직임과 팀원들 간의 일치된 목표점을 가능하게 만든다. 관리자의 전략적 사고는 또한 논리적이고 창의적인 사고의 원동력이자 문제와 갈등을 해결하는 요소이다.

경영은 조직의 목적을 달성하기 위한 활동이나 과정을 말한다. 이런 경영 활동의 순환과정에는 계획(Plan) – 실행(Do) – 평가 후 피드백(See)을 하는 PDS 사이클이 있다. 이 3단계 과정을 좀 더 세분화하면 계획수립-조직화-지휘-통제의 4단계로 나타낼 수 있다. 이는 계획의 실천을 위해 실행단계에서 조직을 갖추고 리더의 지휘에 따라 실제적인 일을 행하는 것으로 세분화해 설명하는 것이다. 3단계 과정을 구체적으로 살펴보면 다음과 같다.

① 계획 : 조직이 목적을 달성하기 위해 앞으로 어떻게 일을 진행할 것인가를 정하는 작업으로 정확성과 정밀성을 갖추어야 하며, 미래를 예측하는 것이므로 상황에 따라 대처하는 유연성이 필요하다. 대상기간에 따라 단기와 중기, 장기 계획이 있으며, 경영활동의 평가 시 평가기준이 된다는 중요한 의미를 지닌다.

② 실행 : 계획에 맞춰 일을 조직화하고 리더의 지휘와 조정에 따라 과업을 수행하는 것이다.

③ 평가 : 경영활동의 결과가 처음 수립했던 계획과 얼마나 일치하는지를 판단하는 활동으로 그 결과가 당초계획보다 좋게 나오면 보상과 칭찬, 당초계획보다 나쁘다면 그 원인을 밝혀내는 작업을 하는 것을 의미한다. 평가활동은 처음 단계부터 함께 이루어져야 계획과 달라졌을 때 적기에 대응할 수 있다.

브레인 리더십에서는 언제나 바른 자세를 견지하고, 조직구성원을 공정하게 대해야 한다. 차별대우를 받고 있다고 생각하는 구성원이 잠재력을 극대화해 발휘할 수 있을 것이라는 기대는 잘못된 것이기 때문이다. 그래서 '모든 직원을 공정하게 대하고 있는가?'라고 스스로에게 질문하며 주기적으로 확인해야 한다. 또한 틀에 박힌 업무 형태에서는 결코 창의적인 사고를 기대할 수 없으므로 자신의 업무와는 거리가 먼 분야에 대한 관심을 가져야 한다. 창의적인 아이디어는 어느 날 갑자기 '뽕' 하고 떠오르는 것이 아니라, 전혀 관련 없어 보이는 분야에서 힌트를 얻을 수도 있기 때문이다. 마찬가지로 사무실의 분위기도 중요하다. 구성원들 사이에 서로 공감하는 분위기, 즐거운 분위기가 알게 모르게 창의적 아이디어의 바탕이 된다. 지나치게 자유분방해 보여 조직 관리를 제대로 하고 있나 의심스러운 분위기에서 세상을 놀라게 하는 창의적 아이디어가 만들어진다는 것은 최근 주목받고 있는 기업들에서 입증되고 있다.

리더의 경영자적 덕목

(1) 브레인 소통에서는 분노, 칭찬, 표현, 구체화, 자발적 참여가 중요하다. 우리 몸은 외부에서 들어오는 자극을 오감을 통해 받아들여 뇌로 보내고 그에 대한 판단을 운동신경을 통한 반응으로 나타내게 된다. 마찬가지로 조직의 하부에서 무슨 생각을 하고 있는지가 정확하게 조직 상부에 전해지지 않거나, 또는 전해진 것들에 대한 대응이 제대로 만들어지지 않으면 그 조직은 죽어 있는 조직이다.

(2) 칭찬의 궁극적 목적은 자발적인 동기를 부여해 업무에 대한 의욕을 끌어올리고, 업무성과를 향상시키는 데 있다. 따라서 칭찬을 할 때는 일의 성과가 아니라 과정에 대한 칭찬이 중요하다. 결과가 조금 만족스럽지 못하더라도 결과를 도출하는 과정이 만족스럽다면 칭찬을 아끼지 말아야 한다.

(3) 구성원 간의 경쟁과 경직된 상하구조로부터 오는 스트레스는 조직의 효율적 운영에 커다란 장애가 된다. 물론 일정 수준의 스트레스는 개인을 자극해 일을 효율적으로 하게 만들기도 하지만, 일

단 한계를 넘어선 스트레스가 가해지면 부정적 효과를 나타내게 된다. 스트레스를 유발한 원인을 해결하기 위해 에너지를 소모하면 사고기능을 담당하는 전두엽이 필요로 하는 에너지의 양이 고갈되고 사고력과 집중력이 떨어져서 제대로 된 판단을 내릴 수가 없게 되는 것이다.

리더의 조직 커뮤니케이션

상대방을 존중한다는 것은 쉽게 말해 상대의 사정을 인정하고 받아들여주는 것이다. 존중은 사랑과 용서가 필요하다. 그 사람이 그런 행동을 하게 된 사정을 이해하고 포용해주는 것이다. 잘못을 눈감아주는 게 아니라 각자의 사정을 이해해서 인간으로서 선택을 무시하지 않는 것이다.

개인 이미지 관리의 효과

개인이 이미지를 관리하는 가장 큰 목적은 상대방이 자신에게 호감을 갖도록 만드는 것이다. 상대에게 호감을 획득한다는 것은 사적인 감정을 뛰어넘어 커뮤니케이션 설득 능력의 제고를 의미한다. 개인의 이미지는 외모, 목소리 등 타고난 것도 있지만, 지적인 소양을 비롯해 의상, 매너 등 후천적인 노력에 의해 개선될 여지가 있는 것도 많다. 개인의 이미지 관리는 기술적인 측면이 강조되는 이미지 메이킹과 더불어 PR 차원의 접근을 가미해 개선될 수 있다. 개인이 만약 유명인(Celebrity)이거나 조직의 책임 있는 위치에 있는 경우, 사적인 이미지 관리를 넘어 PI(President Identity) 관점에서 다양한 PR 수단을 활용해 개인의 이미지를 체계적으로 관리할 수 있다. 유명인은 그 자체만으로도 미디어의 주목을 받는 공인으로서의 위상을 갖고 있고, 조직의 최고책임자 등은 단순한 개인이 아니라 조직 전체의 이미지와도 직결되는 위치에 있기 때문이다.

종합서비스와 부동산 서비스산업진흥법

국토교통부는 2018년 06월 20일 '부동산 서비스산업진흥법'(일명 '종합서비스')을 시행했다. 일부 영세한 부동산 서비스 업체들은 이를 두고 업역 간 칸막이를 없애는 정책으로 인해 지역상권의 경제권까지 대형업체들에게 넘어가는 것이 아니냐고 한숨을 내쉬기도 한다. 그도 그럴 것이 기존 지역상권에 머무르던 부동산 서비스가 일부 로펌, 세무, 관리, 임대 등 대형업체들의 참여로 기존 시장 참여자들이 소외될 가능성도 있다고 보는 것이다. 그러나 기존 시장 참여자들인 영세사업자들의 비전문적인 서비스도 문제이다. 이런 비전문성은 오히려 변화하는 시장을 받아들이지 못하는 악조건으로 작용할 것이다. 차라리 한 분야에서라도 전문성 있는 부동산 서비스 사업자로써 지역상권에서 입지를 다져야 한다. 기존 고객들에게 신뢰를 구축할 수 있다면 현 시장에서 도태될 이유는 없다고 본다.

종합서비스는 말 그대로 소비자 중심의 토털서비스를 말한다. 우리 부동산 서비스를 보자면 집을 구매 또는 임대하려고 하면 이전에는 '복덕방'이라고 불리던 중개업소에 문의했고, 주거이전에 필요한 이삿짐, 청소, 등기, 세무 등의 업무를 개인이 직접 발품 팔아서 모두 해결해야 했다. 그로 인한 불편함과 동시에 비전문적인 서비스는 부동산산업에 악영향을 끼쳤다. 이러한 다양한 부동산 서비스(중개, 주거이전, 감정평가, 세무, 법무, 컨설팅, 금융, 리모델링, 인테리어, 하자보수 등의 편의서비스)를 한 장소에서 일괄(원스톱)로 소비자에게 제공하는 소비자 중심의 통합서비스가 이루어져야 한다. '부동산 서비스산업진흥법' 제2조제1항에 따르면 '부동산 서비스'란 부동산에 대한 기획, 개발, 임대, 관리, 중개, 평가, 자금조달, 자문, 정보제공 등의 행위를 말한다. 소비자 입장에서는 원스톱서비스이고, 판매자 입장에서는 다양한 교차사업이 가능하다. 그러나 종합서비스를 단순히 사고파는 기업 간 전자상거래로 이해해서는 안 된다. 그렇게 된다면 과거 복덕방에서 해왔던 단순중개와 다름이 없으므로 소비자의 신뢰를 얻을 수 없다.

종합서비스의 선진 사례

실패를 최소화하기 위해 종합서비스 선진국들의 사례를 먼저 살펴보기로 하자. 선진국형 종합서비스의 사례에서 빠질 수 없는 것이 바로 일본과 미국의 부동산 종합서비스이다.

미국의 경우 농업사회에서 산업사회로 전환되는 과정에서 인구가 도시로 집중되며 주택, 오피스, 산업시설 등이 건설되고, 부동산 수요가 급증해 부동산 시장이 발전하게 된다. 또한 교통수단의 발달로 도심주변의 교외지역도 함께 개발되면서 대규모 주택들이 건설되었다. 뉴딜정책으로 부동산과 금융을 결합한 부동산 글로벌업체들이 출현했고, 이 업체들은 개발컨설팅, 중개, 감정평가 등과 같은 주력업종의 전문화를 통해 성장한다. 부동산 서비스 분야의 사업다각화를 시도함으로써 부동산 종합서비스 전문업체가 출현하기 시작했다. 미국의 이러한 사례에서 보듯 주력업종의 전문성은 꼭 필요하다.

과거 일본처럼 한국에서도 부동산에 대한 패러다임이 소유에서 임대로 바뀌기 시작했고, 부동산이 개발 분양에서 관리로 전환되는 시점에서 인구고령화와 인구급감으로 인해 새로운 건물을 개발하는 부동산업은 앞으로 입지가 줄어들 것이다. 그렇기 때문에 한국도 개발과 분양에서 벗어나 기존의 노후건물을 유지·관리하는 일본의 구옥리폼플랜과 같은 유지보수 사업으로 흘러갈 것으로 예상하고, 앞서 간단히 소개했던 기업들과 같이 종합서비스 영역으로 다가가야 한다.

최근 연구 자료에 따르면 개발 분양에서 임대 관리로, 그리고 시장의 흐름이 임대인 중심에서 임차인 중심으로, 임대수익에서 비임대수익으로 점차 변화하고 있다고 한다. 정부는 치솟는 부동산 가격을 제어하기 위해 부동산 산업으로의 자금유입을 막는 각종 정책을 펼쳤고, 그 결과 2020년 현재 부동산 시장은 위축됨과 더불어 일부 시장의 호가를 양산했다. 그로 인해 이어진 경기한파 등으로 기존의 부동산 개발과 매매만으로는 더 이상 부동산 시장에서 살아남기 힘들 것으로 보이다 부동산 가격의 상승요인은 소비자의 욕구이다. 그런데 공급 부족의 문제점을 수요 억제로 해결하려는 시장 위축 정책은 장·단기적으로 가격 불균형을 가져올 것이고, 이는 부동산 시장의 전반적인 경기 위축을 전망하게 한다.

서울의 노후주택은 40만 채 이상이고, 고수익 근로자는 전국 인구대비 20% 이상 서울에 집중되어 있다. 수요, 공급 문제는 결국 소비유형의 인구밀도로 결정된다. 서울에 집중된 소비자의 심리를 변화시키지 않는 이상 서울 위주의 공급 문제를 다른 데서 해결하기는 힘들 것이다. 그런 이유로 시장 위축은 경기불안으로 이어져 안정된 수익 창출과 다양한 서비스를 제공하는 종합서비스가 대세로 등장할 것이다.

왜 부동산 종합서비스인가?

시설 관리(FM)만 전문으로 하던 건물 관리업체 기업들도 요즘은 운영 관리(PM)와 경영 관리(AM)까지 하는 추세이다. PM기업도 AM기업도 업역 간 칸막이를 낮추고 자체 운영을 추진하는 기업들이 늘고 있는 실정이다. 현재 개업한 공인중개사는 11만 명으로 450명당 1명꼴이다. 4차 산업 플랫폼인 직방, 다방 등과 공인중개사의 과포화 상태로 더 이상 중개업만으로는 경쟁이 치열해 부동산 서비스의 다각화를 통해야만 살아남을 수 있을 것으로 예상된다. 한국의 부동산 서비스 분야는 지역을 기반으로 영세하고, 소상공인 사업자 위주로 운영되고 있어 소비자에게 제공할 수 있는 서비스가 일부 및 중개업 등으로 한정되어 있다. 그러다 보니 소비자들은 다양하고 전문성 있는 부동산 서비스를 제공받을 수 없다.

우리나라는 문화적으로 시장의 흐름이 지역상권의 중개업체들에 한정되어 있다. '복덕방'이라고 하는 내 지역의 동네 아저씨가 전문성이 떨어지는 타 분야까지 중개하는 상황이다. 현재 공인중개업체들이 그나마 나아졌다고 하는 플랫폼도 단순 B2B 또는 수수료를 받고 아는 지인에게 연결하는 식의 서비스로 소비자 만족도는 생각할 수 없는 것이 현실이다. 지역상권 중개사가 변화를 두려워하거나 변화하지 않으면서 소비자의 발길은 점차 끊어지고 있다.

이미 소비자의 필요는 한계를 넘어서고 있다. 무료플랫폼도 신뢰할 수 없지만, 지역 공인중개사를 플랫폼보다 더 신뢰할 수 없는 현실이 안타까울 따름이다. 영세한 중개업체가 전문성이 떨어지는 다양한 부동산 서비스 분야까지 책임감 없이 소비자들에게 제공하다 보니 부동산 서비스의 질을 보장받을 수 없고, 뒷돈 거래, 일감 몰아주기, AS 피하기 등의 불법적인 일들이 공공연하게 이루어지고 있다. 그로 인한 단기적 피해는 소비자가, 장기적 피해는 부동산 업체가 입고 있다.

미국의 지역기반 중개업체들은 기존의 시장 권역을 유지하면서 우영 노하우를 습득할 수 있었고, 이를 통해 중개업소에서 제공하지 못하는 중개 이외의 다양한 연계서비스를 제공하는 부동산 종합서비스가 가능하다고 한다.

언론을 통해 부동산과 관련된 다양한 불법적 행태가 전해지면서 국민들의 자성적 목소리가 커지고 있는 요즘, 전문성을 갖춘 부동산 종합서비스 업체에서 제공하는 부동산 관리 및 정보의 투명함이 있다면 불법적인 행태를 근절하고, 보다 나은 서비스를 제공할 수 있을 것이다.

세계에서 인정받는, 4차 산업시대에 걸맞은 기술력이 있음에도 불구하고 한국의 부동산 서비스 산업은 일부만 선진화를 보이고, 사실상 후방산업 분야의 후진성을 안고 있다. 부동산 거래의 불투명성, 불법적인 거래 행태, 정보의 불투명성으로 소비자는 믿을 만한 부동산 서비스 업체를 찾을 수 없는 것이 현실이다. 또한 투기꾼 근절이라는 목적으로 시행되는 정부의 정책과 경기한파로 인해 현재 부동산 업계는 해결해야 할 수많은 문제를 안고 있다. 이러한 수많은 문제의 해결도 물론 중요하지만, 당장 부동산 서비스 산업에 있는 일선의 중개업자와 부동산 사업자, 그리고 경영인들의 고민을 해결하기 위해서라도 미국과 일본의 종합서비스 사례를 연구하고, 부동산 서비스산업진흥법 시행으로 얻을 수 있는 성공적인 부동산 산업의 국내 모델을 도입해야 할 것이다.

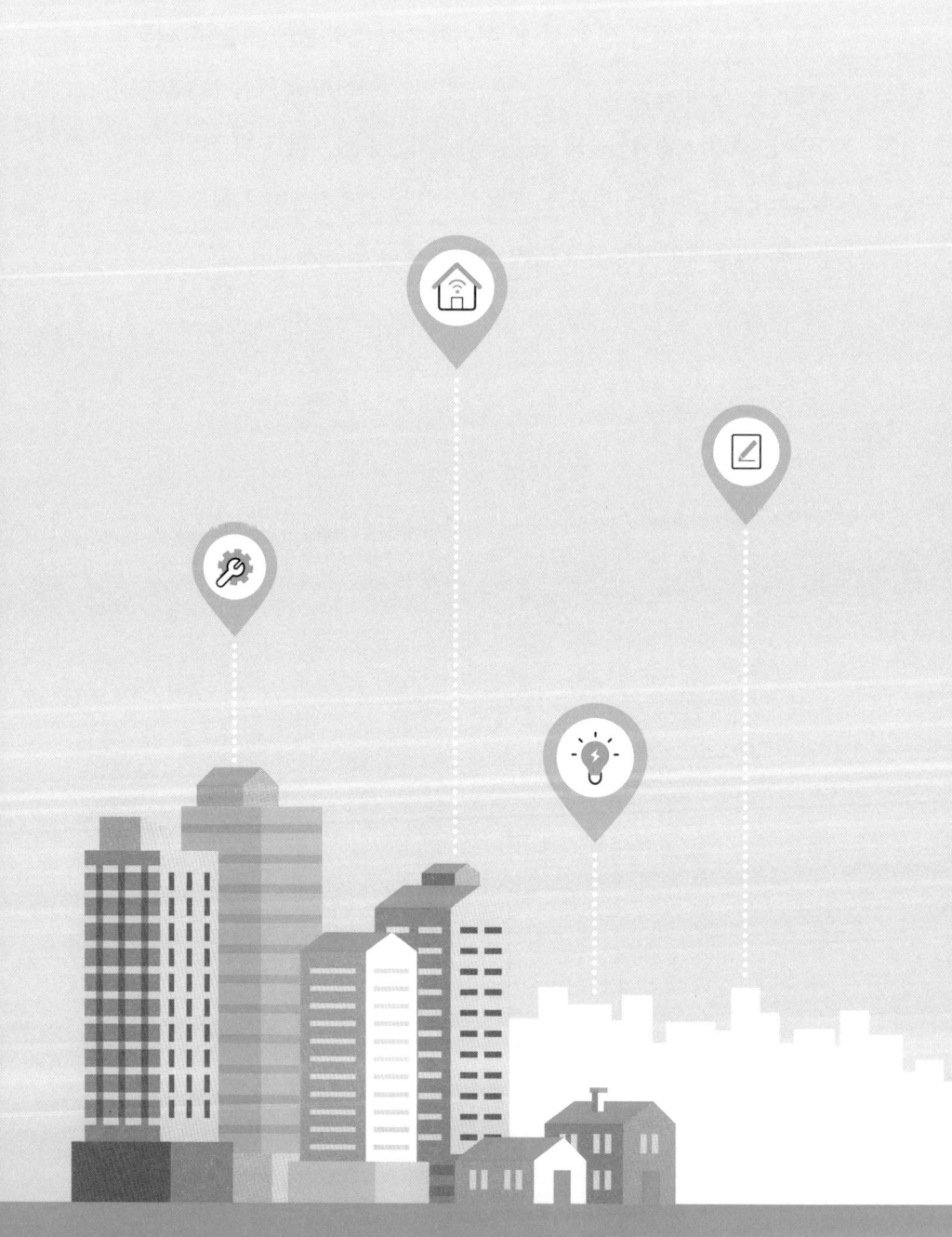

PART
03

투명하고 안전한
건물 관리를 위해

비의무관리 대상인 중소형 건물의 실태

전국 14만 개, 1,000만 가구가 사용하고 있는 집합건물 중 빌라, 원룸, 상가, 오피스텔, 소규모 아파트 등은 지금까지 구분소유주 또는 임차인으로 관리단이 구성되어 운영되어왔다. 그러나 실제 운영을 통해 다음과 같은 문제점을 발견할 수 있다.

첫째, 구분소유주와 사업주체 간의 상반된 이해관계로 인한 소통결여 현상이다. 최초 분양 시 분양에만 급급한 조삼모사식 약속 등으로 인해 구분소유주가 생각한 것과는 너무 다른 상황은 물론, 소유자의 재산권 손실 보상에 대한 문제가 해결이 되지 않는 상태이다.

둘째, 구분소유주의 하자요청에 대한 시행사 및 시공사의 처리문제이다. 시공사의 법정관리와 시행사의 무책임한 하자처리 지연 등으로 1~3년 차 하자문제가 해결되지 않고 있다. 그로 인해 소송을 할 수 없는 적은 세대수의 집합건물 분쟁이 날로 더해가고 있다.

셋째, 미분양 호실은 시행사, 시공사가 관리비를 내야 하지만, 법정

관리, 회사사정 등을 핑계로 관리비를 납부하지 않아 입주자들이 피해를 보고 있다. 공동주택관리법 시행령 제24조는 미분양 건물에 대한 사업주체 관리 시 관리비예치금을 사용할 수 있다고 명시하고 있다. 그러나 미입주분의 공용 관리비 용도로 사용이 가능하고, 미분양 세대의 전기, 수도세 등의 세대 내 관리비는 사업주체가 내야 한다.

넷째, 예산 사용의 불투명성이다. 횡령, 배임 및 사기목적을 가진 일부 관리단 임원 등으로 인해 적법한 관리 규정을 집행할 수 없어, 관리단 선출, 업체 선정, 공사 결정 등 이권이 있는 자금집행 및 자금사용의 공개를 제대로 하지 않거나, 특정업체와 손잡고 입주자들을 기만하는 행위가 더러 있다. 이러한 미흡한 관리로 입주자 간의 의심과 불신이 존재하고 있다.

다섯째, 관리업체와 관리업무자의 자질문제이다. 관리업체와 관리담당자의 업무에 대한 다방면의 지식과 경험을 바탕으로 경영 관리, 법률 관리, 기술 관리를 겸비한 통합적 관리를 영위해야 한다. 그러나 입주자대표회의 및 관리단의 의견만으로 정해진 관리자들은 정확한 관리방안 등에 대한 의견이 부족해 입주자 및 전문관리를 원하는 관리단들로부터 불신을 받고, 조기에 사직하는 사례가 발생한다.

통합 관리가 필요한 시대

집합건물을 용도 또는 사용목적에 따라 최대한 활용하기 위해서는 경제, 법률 그리고 기술적 측면에서 효과적으로 관리해야 한다. 상업용과 주거가 결합된 주거용 오피스텔, 상업용 오피스텔, 도시형 생활주택 등이 개발되는 현실을 봐야 한다. 요즘은 과거와 다르게 주거용과 상업용이 결합되어 개발된다.

건물의 통합 관리는 다음과 같이 시설 관리(FM)·운영 관리(PM)·경영 관리(AM) 세 부분으로 구분할 수 있다.

시설 관리(FM)	운영 관리(PM)	경영 관리(AM)
• 건물을 물리·기능적 차원에서 유지하고 개량한다.	• 관리규약 제정, 건물과 구분소유자의 공동소유인 부대시설 및 복리시설을 관리 및 사용함에 있어 필요한 사항을 규정하고, 임대차 관리, 공실 관리, 중개 등으로 투자자의 수익 보호와 구분소유주의 공동이익 증진, 양호한 생활환경 조성, 하자관련 처리 등을 한다.	• 관리운용으로 합리적인 순이익을 창출해 입주사의 공동이익 증진에 기여한다(주차장, 공간세어, 매매 등으로 가치창출).

시설 관리(FM)	운영 관리(PM)	경영 관리(AM)
• 전기·방재설비 유지 관리 • 기계설비 유지 관리 • 보안, 안전, 주차 관리 • 청소 관리 • 조경 관리 • 승강기·에스컬레이터 관리 • 소방 관리 • 시설물 점검 및 안전 관리	• 관리규약의 제정, 개정, 폐지 • 공용시설의 증축, 개축, 신축 • 대지 및 공용부분의 변경 또는 처분 • 대외업무 관리(인·허가, 신고, 보고) • 임대차 관리에 필요한 운영 • 사법상 권리보존 관리 • 공법상 규제에 대한 대책	• 관리비, 사용료, 특별수선충당금 등 부담금 징수, 보관, 예치 및 회계 관리 • 공과금납부 대행 • 수익사업 관리 • 인력 관리 • 입주자의 입주, 퇴거 관리 등

4차 산업으로 인한 전산, 회계, 블록체인 기술이 발달하면서 각종 첨단 관리앱 등의 기술이 나날이 발전하고 있으나, 인력 관리에 치우쳐 있는 현 관리 상황에서는 건물의 수익성을 관리해주는 경제적 관리가 향후 더욱 중요성을 가진다.

부동산은 일반재화와 달리 내구성을 가지고 있기 때문에 평소 유지, 관리를 잘하면 건물의 내용연수를 늘릴 수 있다. 2019년 부동산 규제정책 등 과도한 규제정책으로 인해 노후건물의 관리가 중요해졌다. 건물을 신축하려면 큰 비용이 소요되기 때문에 유지를 위한 건물 관리는 더욱 중요하다. 건물의 관리에는 청소, 방역, 방범 등 통상적으로 수행하는 일상적 유지 관리와 하자가 발생하기 전 미리 점검하고 이에 따라 보수 및 수선하는 예방적 유지 관리, 그리고 하자가 발생한 후 대처하는 대응적 유지 관리가 있는데, 당연히 사후적 대응 관리보다 사전 예방적 유지 관리가 중요하다.

효율적인 관리 방안

관리규약 제정

집합법 제28조(규약)를 선정, 구분소유자의 동의를 얻는다. 관리규약 제정은 입주초기 시행사에서 분양 잔금 납부 시 일률적으로 받지만, 형식적인 관리규약이다. 따라서 입주가 완료되면 집합법에 준한 관리규약을 관리단 집회에서 구분소유자 4분의 3 이상 및 의결권의 4분의 3 이상의 찬성을 얻어 제정한다.

하자 관리

아파트 및 오피스, 공동주택을 분양받아 입주하면, 분양계획대로 지어졌는지 육안으로 확인할 수 있지만, 그것이 전부는 아니다. 눈으로 보이지 않는 흠이 있을 수 있다. 또 입주한 이후에 새로이 발생한 흠도 있을 수 있다. 따라서 하자가 있을 때, 공동주택은 공동주택관리법에 따라, 집합건물은 집합건물법에 따라 사업시행사 또는 시공사에게 하자보수를 청구해야 한다.

> **잠깐! '하자'란 무엇인가?**
> 발생한 모든 결함에 대해 하자보수청구를 할 수 있는 것은 아니다. 어떠한 경우에는 불가항력적인 자연력이나 제3자의 행위가 개입해 사업주체에게 책임을 묻는 것이 적당하지 않을 수도 있다. 즉 하자라기보다는 분양계약의 불이행에 해당하는 것, 권리상 하자가 있는 것은 시행사(건물을 매도한 매도인)에게 담보책임을 물어야 한다.

❶ 하자보수청구권

공동주택관리법(주택법46조) 하자보수청구 및 집합건물법 제9조는 건물을 건축해 분양한 자에 대해, 민법 제667조 내지 제671조의 규정(민법 도급편의 법규정)을 준용해, 분양자는 수분양자에게 인도한 후 10년의 기간 내에 완성된 목적물 또는 완성 전의 성취된 부분에 하자가 있는 때 그 하자를 보수하거나 손해를 배상해주거나 때로는 하자보수와 손해배상책임을 함께 진다고 규정하고 있다. 마치, 건축공사에서 불량자재를 사용하거나 공사를 잘못해 건물이 제대로 지어지지 않았을 경우, 시공자가 건축주에게 부담하는 것과 같은 책임을 분양자가 수분양자에게 지도록 한 것이다.

집합건물법 제9조에서 민법 도급편의 하자담보책임을 준용하도록 하고 있는 '하자'는 '건축상의 하자'만을 의미하므로, 공유대지면적의 부족, 분양허위광고 등 권리상 하자는 분양자(시행사)에게 분양계약상 채무 불이행 책임을 묻거나 권리상 하자 있는 건물을 매도한 매도인에게 담보책임을 물어야 한다.

❷ 하자의 판단 기준

• 설계도면과 하자의 판단 기준

원칙적으로 시공은 설계도면대로 이루어져야 하며, 그에 따라 갖추어야 할 지원센터의 기능, 미관, 안전도 등이 하자보수 책임기간 동안 유지되어야 한다. 그런데 설계도면 자체의 하자 건축 관련 법령 중 기능, 미관, 안전과 관련된 것을 위반하거나, 법령 위반이 없더라도 상식에 반하는 설계를 한 경우 설계상 하자로 인정한다.

• 미시공, 변경시공의 경우

미시공, 변경시공으로 인해 보온성능의 저하, 구배불량, 입주사 공동시설로 사용 부적합 등 기능상 장애가 예상되거나 입주사들의 안전을 위협할 수 있는 설비설치를 하자로 인정한다.

• 균열

하자 중 가장 큰 비중을 차지하는 것이 균열이다. 콘크리트의 양생과정에서 조급한 시공이 균열을 만든다. 따라서 균열이 많다는 것은 시공상 하자가 있다는 반증이다.

❸ 하자보수의 청구

입주자들이나 관리주체에서 하자를 발견하면 이를 정리해서 사업주체에게 하자보수요청을 한다. 그러나 눈에 보이는 하자만 있는 것이 아니므로 어떠한 하자가 있는지 조사해야 한다. 다소 비용이 들더라도 건실한 조사업체를 선정해 하자를 조사하면 비전문가인 입주자들이 발견하지 못한 하자도 발견하게 된다. 하자조사 후 사업주체에게 내용증명으로 하자의 보수요청을 한다. 내용증명으로 보내는 이유는 하자보수를 요청한 시점을 객관적으로 증명하기 위한 것이다.

입주자 등이 하자보수요청을 하면 사업주체는 3일 내에 답변을 주어야 한다. 하자보수를 할 것인지, 안 할 것인지, 하자보수를 할 것이라면 하자보수 계획을 작성해 보내주어야 한다. 만약 하자의 여부에 대해 사업주체와 의견이 다른 경우는 사업주체가 하자 여부의 판정을 의뢰할 수 있다. 그러나 하자가 아니라고 부인하면서도 하자 여부의 판정을 의뢰하지 않는다면 하자보수를 거절한 것으로 보게 된다. 사업주체에게 하자보수를 청구하고, 만약 거절하면 손해배상을 청구해도 된다. 이러한 청구절차를 생략하고 바로 손해배상을 청구해도 된다.

사업주체가 하자보수를 거절하는 경우, 입주자는 하자보증서를 제공한 보증기관에 하자보증금을 지급해달라고 하거나 바로 사업주체를 상대로 한 하자보수에 갈음하는 손해배상 청구소송을 제기하는 방법이 있다. 어떠한 방법을 선택할 것인지는 관리단의 신중한 판단이 필요하다. 건물에 맞는 하자보수 상황을 전문성 있게 컨설팅해줄 관리업체와 관리업무담당자가 필요하다.

〈하자보수보증금 청구와 손해배상 청구소송의 장단점〉

구분	하자보수보증금 청구	손해배상 청구소송
방법	• 관리단의 주관으로 하자진단 및 보수업체 선정 • 보증사의 현금변제 요청 • 관리단 주관으로 하자업무 진행	• 관리단 주관으로 전문변호사 선임 • 손해배상 청구소송 • 법원 감정으로 하자판정
장점	• 보상금 수령까지 단기간 소요 • 보수공사 시 숙원사업공사 등 융통성 발휘 • 단기간 보수공사 마무리로 하자 확대 방지 • 보상 후 추가 하자 발생 시 추가 청구 가능 • 보상 후 추가 소송 가능	• 하자 외(미시공, 오시공, 설계상 하자) 손해배상 보상 • 관리단 및 지원센터 업무가 비교적 간단
단점	• 하자 외(미시공, 오시공, 설계상 하자 및 기타) 보상 결여	• 장기간 소요(약 2년 이상) • 소송에 따른 부대비용(하자진단 비용, 감정료, 성공 보수비) 발생 • 판결 확정까지 보수공사 중단(증거인멸)으로 후기 하자 발생 • 긴급 하자 발생 시 자체 보수 • 소장 접수 후 판결까지 발생되는 연차별 하자 누락

장기수선충당금

장기수선충당금은 사업주체가 주요 시설물에 대한 장기수선계획을 수립하고, 그 계획에 따라 발생되는 총비용을 연도별로 분산 적립해 주요 시설물을 적기에 교체하거나 보수함으로써 입주자의 안전을 도모하고, 시설물의 수명을 연장하는 데 그 목적이 있다.

❶ 장기수선충당금의 적립 의무

장기수선충당금은 사용검사일로부터 1년이 지난 날부터 충당금을 적립하도록 하고 있다. 임시사용승인(가사용승인)이 있었던 경우에는 사용검사일 기준으로 하지 않고 임시사용승인일을 기준으로 한다.

❷ 장기수선충당금의 납부 의무자

장기수선충당금은 사무실, 상가 및 그 부대·복리시설의 노후화에 따른 시설의 보수 및 교체 등에 사용하기 위해 적립하는 것이므로 당해 구분소유자가 부담해야 한다. 적립 시기는 사용검사(준공검사) 후 1년이 경과된 날로부터 매월 적립하고, 관리단 관리위원회 명의로 금융기관에 예치해 별도 관리한다. 사용절차는 관리규약으로 정하도록 하고 있다. 또한, 월간 세대별 장기수선충당금 산정 방법은 다음과 같다.

{장기수선계획기간 중 수선비 총액÷[총 분양 면적(㎡)×12(월)×계획기간(연)]}
×세대별 분양 면적(㎡)

❸ 장기수선충당금의 사용

장기수선충당금은 장기수선을 목적으로 하는 장기수선계획에 의한다. 그러나 구분소유자 과반수 동의가 있는 경우에는 하자판정 비용 또는 하자판정에 소요되는 비용으로 사용할 수 있다. 장기수선충당금은 일정한 목적에 사용되도록 그 용도가 제한되어 있는 금원이므로 이 돈을 함부로 사용하면 업무상 횡령죄로 형사처벌될 수 있다.

공용부분의 변경(2021. 2. 5 시행, 법률 제16919호, 2020. 2. 4 일부개정)

'집합건물의 소유 및 관리에 관한 법률' 제15조에 의하면 ① 공용부분의 변경에 관한 사항은 관리단 집회에서 구분소유자의 3분의 2 이상 및 의결권의 3분의 2 이상의 결의로써 결정한다. 다만, 공용부분의 개량을 위한 것으로서 지나치게 많은 비용이 드는 것이 아닐 경우에는 통상의 집회결의로써 결정할 수 있다. 또한 공용부분의 변경이 다른 구분소유자의 권리에 특별한 영향을 미칠 때에는 그 구분소유자의 승낙을 받아야 한다. 용도변경과 관련해서는 해당 시청이나 구청에 허가·신고에 관한 사항을 사전에 협의해야 한다.

예를 들면, 지식산업센터 신축 당시 캐노피가 설치되지 않아 비나 눈이 올 때 차량접촉사고 및 인명피해가 발생해 지하주차장 입구 캐노피 공사의 필요성이 있다면 집합법 규정 적용 전에 해당 허가·신고 담당 구청에 협의해 용도변경을 할 것인지, 가설물 축조 신고를 할 것인지 판단해서 관리단회의 및 입주사 동의 절차를 받아 사업을 진행해야 한다.

유지 관리에 필요한 운영기준 및 불법점유 방지를 위한 관리

'집합건물의 소유 및 관리에 관한 법률'에 의하면 구분소유자는 건물의 보존에 해로운 행위나 그 밖에 건물의 관리 및 사용에 관해 구분소유자 공동의 이익에 어긋나는 행위를 해서는 아니 된다. 따라서 관리주체는 공동이익을 위해 유지 관리에 필요한 운영기준 및 불법점유 방지를 위해 규약 또는 규정을 마련해 입주사의 동의를 받아 관리 유지해야 한다.

부동산 관리와
종합서비스의 비전

한국 부동산 산업의 시장 상황

2018 통계청 자료를 보면 주택임대사업자의 수가 34만 명, 등록 임대주택 100만 채 가량, 임대주택 전월세 시장은 590만 채로 나타난다. 그럼에도 불구하고 임대인들은 밀린 월세와 퇴거조치, 공실문제, 상속 등의 세금문제 등 여러 고민을 안고 있다.

2017년 통계청 자료를 보면 개업 공인중개사의 수는 2012년 8만여 명에서 2017년 5월 10만여 명으로 증가한 것을 알 수 있다. 늘어난 개업 공인중개사와 상관없이 임대관리 시장은 그야말로 주먹구구식, 그 자체인 것으로 나타난다. 그리고 개업 공인중개사의 연매출 평균 통계를 보면 무려 70%는 연봉이 최저급여도 안된다.

전국 2,000만 가구 중 공동주택 가구 수는 무려 1,800만 가구를 넘어선다. 전국 2만 개 건물의 대형 아파트를 관리하기 위한 공인자격증

(주택관리사)은 있지만, 그 외 14만 개 건물을 관리하는 공인자격증은 없다. 14만 개 건물은 대개 300호실 미만 아파트이거나, 오피스텔 등이다. 이러한 소규모 건물들은 1,000만 가구가 넘어가고 있다. 이전에는 빌라, 소규모 아파트 등은 어느 한 집이 동대표를 맡아서 관리하거나, 그나마 입주자 간 소통하는 곳은 입주자들이 돌아가면서 관리를 맡았다. 그러나 이웃 간 소통이 결여되고, 작은 일에도 불만을 토로하는 이 시대에 무임금으로 봉사할 사람은 이제 거의 없다.

밀레니엄세대의 등장으로 스마트함을 내세워 작은 것 하나까지도 확실한 것을 바라는 요즘 젊은 층은 이전과 같이 매뉴얼 없는 관리에 가만있지 않는다. 그리고 어른 세대와 맞서길 두려워하지 않는다. 그러한 이유로 소규모 공동주택에 거주하는 사람들도 개별적이고, 영세한 서비스를 받던 것에서 조금 더 저렴하고, 체계적이며 안정된 서비스를 원하는 세대로 바뀌어가고 있다. 이사, 청소, 중개, 등기, 세무 등의 보편적인 서비스까지도 개인이 직접 알아본 후 이용할 수 있는 상황인데다, 그런 서비스를 제공하는 전문 업체를 찾을 수도 없는 실정이다.

2017년 통계청 자료에 따르면 서울, 경기권에서만 매년 하자·시설관리가 월 6,000동으로 매년 6,000억 원 가까이 발생하고, 다세대주택만 600만 채 이상, 노후주택은 400만 채 이상으로 정비사업은 8,000억 원 규모라고 한다. 2017년 금융감독원 자료에 따르면 임대료, 관리비 PG 시장은 연간 60조 원 이상이고, 편의서비스 리츠 시장은 현금 유동성 자금만 50조 원에 이른다고 한다. 2020년 33조 원을 바라보는 부동산 서비스업의 시장 규모로 볼 때(통계청, KB투자증권 참고) 현금 자금이 매년 수조 원에 육박하는 이런 시장은 블루오션 시장이라고 생각한다.

임대인의 고민과 소비자의 고민, 개업 공인중개사와 부동산 관련 창업자의 고민을 원스톱으로 해결할 방법은 부동산 종합서비스뿐이다. 관리비 부과, 임대료 관리, 미수납 관리, 임대차 관리, 공실중개 관리, 건물 관리, 하자보수, 홈케어와 편의서비스 등 다양한 부동산 종합 관리 분야를 원스톱으로 소비자에게 위탁받아 체계적인 관리를 통해 질 좋은 서비스를 제공하고, 그에 따른 안정적인 성공 매출을 올리는 것이 부동산 종합서비스의 핵심이다. 부동산 종합서비스를 하려고 시작한 것이 아니라, 경영을 하다 보니 종합서비스를 하게 된 것이다.

종합서비스 연계 기업과의 협력사업

부동산 종합서비스는 소비자 중심의 원스톱 마켓이면서 판매자 중심의 다양한 유통채널일 수 있다. 우리가 애용하는 편의점은 단순 유통채널일 뿐이다. CU편의점의 물건은 CU의 제품이 아니다. 다양한 제품의 유통 공간일 뿐이다. 마찬가지로 부동산도 유통채널의 수단이 될 수 있다. 하지만 내가 제공하고자 하는 서비스는 단순한 광고형식의 플랫폼과 같은 일반 매칭 서비스와는 다른 것이다. 편의점은 편의점 기업이 다양한 유통 상품을 검증하고, 판매하면서 소비자 관리도 이루어진다. 그러나 부동산 서비스는 직접적인 상품을 취급하면 안 된다. 소비자와 신뢰를 쌓는 전문성이 필요한 분야이다. 기존 플랫폼들도 광고비를 받고 다양한 부동산 서비스를 중개하지만, 소비자의 만족도를 생각해볼 때 과연 광고플랫폼이 소비자의 욕구를 온전히 해소하고 있는지는 의문이다.

나는 관리를 하면서 입주자의 편의, 다르게 말하면 민원을 받고 싶지 않아서 전속중개와 그 외의 다양한 이사, 청소 등 서비스업체에 대해 알아보게 되었고, 그때 이 산업의 심각성을 느꼈다. 바로 전문성이 없다는 것이 문제였다. 제대로 된 컨설팅도, 제안도 해줄 수 없는 이들에게 서비스를 받는다면 나라도 두 번은 이용하지 않을 것이다.

예를 들어 집을 매도할 때 공인중개사가 가격을 놓고 속된 말로 '간본다'라는 느낌을 강하게 준다면 그것도 큰 문제라고 생각한다. 내가 가는 곳의 전속중개사라면 내 입장에서 정확한 컨설팅을 진행해야 한다. 또 다른 예로 노무사, 세무사, 변호사도 마찬가지이다. 소비자의 궁금증을 해소하는 것은 당연하지만, 이후에 발생할 다양한 상황도 알려줘야 한다. 내가 겪은 사기꾼 같은 사람은 소비자 입장이나 상황에 맞는 컨설팅보다 가격에 맞춘 서비스만을 제공하고, 그로 인해 피해가 발생 시 책임지지 않고 발뺌하기 바쁘다.

어느 한 분야라도 소비자 입장에서 중개할 수 있는 전문성이 있어야 한다. 그런데 그 전문성이 공인중개라고 하면 부족하다. 4차 산업으로 무료중개가 나오는 시점에서 소비자의 필요성이 어디로 향할 것인가 생각해봐야 한다. 차라리 공인중개는 공짜로 제공하는 게 소비자 입장에서 오히려 전문성 있게 보일 수 있을 것이다.

부동산 고수익 시장

　하자전수조사를 할 수 있을 만큼의 실력과 청구방법, 소송, 그 외 분쟁조정 등의 전문성이 있다면 고수익을 벌 수 있다. 공동주택에 거주하는 입주자 중 하자보수가 필요 없는 소비자는 없을 것이기 때문이다. 관리비를 절감하는 방법, 투명하게 관리하는 방법, 적법한 관리규정, 그리고 무인관리시스템 매뉴얼 등은 소비자 입장에서 판매자이자 관리자인 나를 전문성 있게 봐주는 도구였다. 신축건물의 입주자 또는 투자자에게 이러한 전문성을 갖춘 사람은 아주 좋은 관리자일 수밖에 없다. 소비자가 찾지 못하는 하자를 찾아주고, 건설사의 하자불이행을 해결해주고, 그럼에도 저렴한 관리비를 받아가는 관리업자로 보일 수밖에 없을 것이다.

　관리 수익은 매월 쌓이는 적금치럼 차곡차곡 들어온다. 그리고 하자가 발생했을 때의 수익은 1년 치 관리 수익에 버금가는 경우도 종종 있기에 하자보수와 건물 관리는 전문성만 갖춘다면 억대 연봉이 어려운 일이 아니다. 내 사업 외에도 제공할 수 있는 전문성 한 가지를 갖고 있으면 종합서비스에 대한 직간접적 경험이 된다. 그러나 매순간 빠르게 변화하는 시장에서 건물 관리, 하자보수 외에도 도태되지 않는 무언가를 꾸준히 개발해가야만 한다. 과연 무엇으로 소비자에게 신뢰와 서비스에 대한 만족을 줄 것인가? 그래서 내가 생각해낸 답이 다양한 서비스의 제공이다.

　지금도 부동산 종합서비스를 내세우는 회사들이 더러 있다. 수백만 원에서 수천만 원에 이르는 가입비를 받고, 너무도 뻔한 이론 교육과

말도 안 되는 수주를 제공하는 업체들이다. 광고비를 받고 수십 %의 수수료를 받는 조건으로 소비자를 제공하는 플랫폼 시장들은 얼마 못 간다고 나는 생각한다. 소비자는 더욱 스마트해지고, 보다 합리적인 서비스를 추구할 것이기 때문이다. 그리고 어떤 종합서비스 회사는 회원사 간 협력사업이 너무도 좋은 사업아이템이라고 생각하고 운영하기도 한다. 그러나 앞서 언급했듯, 가장 큰 문제는 서비스를 제공하는 판매자의 전문성이 검증되지 않았다는 것이다. 그러한 사업은 과거와 다를 것이 없기 때문에 어차피 사업성이 떨어진다. 차라리 포털에서 검색하는 편이 소비자 입장에서는 더 좋지 않을까?

함께라는 이름보다 중요한 건 기업의 정체성이고, 전문성을 통해 소비자와의 약속을 지키는 것이다. 업체들끼리 모이는 건 술자리에서도 얼마든지 가능하다. 그러나 한 번 떠난 소비자는 두 번 다시 돌아오지 않을 것이고, 이미 그렇게 떠난 소비자들은 보다 나은 업체를 찾거나 그냥 싼 업체를 찾아 기웃거릴 것이다. 결국 시장의 물을 흐리는 것은 내가 가진 비전문성이다.

앞서 언급했지만, 종합서비스의 선진 사례는 미국의 선진국형 부동산 종합서비스이다. 주력 사업의 전문성으로 각 지역상권 회원사의 전문성을 높이고, 그를 통해 소비자와의 접점을 만든다. 단순히 일회성 교육이 아닌, 정기적인 교육프로그램을 통해 중장기적인 사업계획을 세워 꾸준하게 노력하는 모습을 소비자에게 보여 신뢰를 쌓는다. 그들은 하루이틀만에 소비자의 신뢰를 얻으려고 하지 않는다.

두 번째 선진 사례는 일본의 종합서비스와 같은 컨트롤타워시스템이다. 은행에 방문해서 예적금, 펀드 등을 일괄로 서비스받는 것처럼, 편의점에서 물건을 사듯이 소비자가 다양한 서비스를 원스톱으로 제공받도록 한다. 한국에서 만약 이런 서비스를 제공한다면 전제조건은 다양한 서비스의 품질과 전문서비스 검증이다. 컨트롤타워를 담당하는 기업은 이해관계와 이익에 휘둘리지 않아야 전문성 있는 업체를 검증할 수 있다. 그러려면 컨트롤기업이 추구하는 사업의 본질이 명확해야 하고, 시행, 시공 등 거품이 생기는 사업을 최대한 멀리해야 한다(이런 사업은 자칫 기업의 흥망성쇠를 결정하기 때문이다).

소비자는 예민하고 똑똑하다. 결국 싼 것을 고를 것이라고 누군가는 말하겠지만, 합리적인 시장 가격과 전문적인 컨설팅 그리고 다양한 서비스에 대한 책임과 보증이 잘 어우러진다면 소비자는 굳이 개인적으로 서비스를 찾아볼 필요가 없다.

건물의 일반 관리 규정

건물의 효율적인 관리를 위해 필요한 사항을 규정화한다. 구체적인 내용은 다음과 같다.

〈일반 관리 규정의 포함사항〉

제1조 【목적】
제2조 【적용 범위】
제3조 【개문 및 폐문】
제4조 【관리요원 정수】
제5조 【승강기】
제6조 【전기 및 기계실】
제7조 【전력시설물의 책임한계】
제8조 【전기 일반】
제9조 【통신설비】
제10조 【상하수도 관련】
제11조 【청소 및 소독】
제12조 【쓰레기처리】

방화 관리 규정

방화 관리에 필요한 사항을 정해 사전에 화재를 예방하고 인명과 재산을 보호할 수 있도록 규정을 마련한다.

〈방화 관리 규정의 포함사항〉

제1조【목적】
제2조【적용 범위】
제3조【소방 계획】
제4조【방화 조직】
제5조【소방훈련과 점검】
제6조【소방시설 증설】
제7조【화재 예방】
제8조【화재 신고】

주차 관리 규정

건물 내 주차시설을 사용하는 차량에 대한 규정 및 지침을 마련해 관리한다.

〈주차 관리 규정의 포함사항〉

제1조【적용 범위】
제2조【적용 시기】
제3조【용어의 정의】
제4조【주차권 배정】
제5조【주차장 운영 시간】

제6조【주차요금 징수방법 및 처리】
제7조【차량 등록 및 변경】
제8조【준수 사항】
제9조【주차 및 출차의 제한】
제11조【주차시설 위반차량에 대한 제재】
제12조【주차시설 관리의 책임과 면책】

광고물 관리 규정

입주자의 업무 기능을 증진하기 위해 각 입주자의 상호 간판 및 영업 안내 간판의 표시장소, 표시방법과 설치, 유치 등 필요한 사항에 대한 규정을 정한다.

〈광고물 관리 규정의 포함사항〉

제1조【목적】
제2조【적용 근거】
제3조【분류 및 정의】
제4조【승인 또는 신고】
제5조【승인 및 신고절차】
제6조【광고물 표시 금지】
제7조【광고물의 표시 제한】
제8조【광고물 규격 등】
제9조【광고물 등의 비용 부담】
제10조【광고물의 수량 제한】
제11조【광고물의 표시 방법】
제12조【안전도 검사】
제13조【벌칙】
제14조【기타】

회계 관리 규정

회계 관리의 수입과 지출에 관한 사항 및 예금통장, 재산 관리 등에 관한 세부적인 규정을 정한다.

〈회계 관리 규정의 포함사항〉

제1조【목적】
제2조【용어의 정의】
제3조【수입에 관한 사항】
제4조【지출에 관한 사항】
제5조【채무부담에 관한 사항】
제6조【회계장부의 작성】
제7조【예금통장 관리】
제8조【자산 관리】
제9조【임원 업무추진비 및 회의비】
제10조【감사】

인테리어 공사 규정

모든 인테리어 공사는 관리기구와 협의해 공사계획서에 따른 승인을 받는다.

〈인테리어 공사 규정의 포함사항〉

제1조【목적】
제2조【개요】
제3조【주변 환경】

제4조【건축법에 관한 사항】
제5조【소방법에 관한 사항】
제6조【전기기술기준 관련 사항】
제7조【기타】

업무추진비 규정

관리단 임원의 업무추진비를 지급함에 있어 지급절차와 지급기준을 마련한다.

〈업무 추진비 규정의 포함사항〉

제1조【목적】
제2조【정의】
제3조【재원】
제4조【지급 및 사용】
제5조【업무추진비 회수】
제6조【기장 처리】
제7조【지급 한도 및 사용 금액】
제8조【증빙자료 보관】

독점업종 규정

입주자 지원 시설의 영업을 보장하기 위해 독점업종을 선정한다.

〈독점업종 규정의 포함사항〉

제1조【목적】
제2조【적용 근거】
제3조【지정 호수 및 업종】
제4조【유지 및 해지】

경제적 관리를 위한 방안

❶ 예산 사용의 투명성 보장

각종 시설사업 집행 시 공개 경쟁입찰을 실시해 예산의 투명성을 확보하고, 예산을 절약해 입주사의 공동이익에 기여한다. 또한 관리규약(계약의 원칙)에 의거해 업체를 선정 후 관리위원회의 승인을 받아 집행해야 한다. 업체선정과 회의의 결과를 게시판 또는 홈페이지에 게시해 입주사에게 알림으로써 투명성을 보장하도록 한다. 예를 들면 200만 원 이하 자금을 집행 시 관리규약에 따라 집행위원회에서 집행하지만, 200만 원 이상 집행 시 회의안건(의제, 필요성, 입찰방법 등)을 상정해 관리위원회에서 승인을 받아야 한다.

❷ 자원 절약의 생활화

에너지 절약을 생활화해 관리비 절감에 기여하기 위해 절약 가능한 모든 방안을 마련하고, 이를 시행하면 전체 에너지 사용량 대비 10% 이상 자원 절약이 가능하다. 구체적인 대책안은 다음과 같다.

공동전기	가스	수도
• 각종 배기팬 공조기의 운전 시간 조정 • 주말과 휴일 승강기 일부 운휴 • 각 층계 및 지하주차장 전등 소등 시간 조정 및 LED 센서등 교체 운영 • 보안순찰 시 불필요한 전등 소등 • 여름철 대비 전기절약 홍보 및 활동	• 난방, 냉방, 급탕 조정 • 기계실에서 열사용처까지 열손실 방지 • 적정 시간 가동 및 공급 • 수요자 요구에 따른 정확한 공급 및 실비 정산	• 각종 저수조탱크 누수 또는 오버유수 확인 점검 • 각 층 화장실 소변기, 세면기, 양변기 수압, 수량 조정 • 냉동기 가동으로 인한 냉각탑 비산 소모량 발생 억제 • 각 층 화장실 핸드타월 대용 핸드드라이어 설치

❸ 직무능력 향상

자기 업무뿐만 아니라 유사업무에 통달하기 위해 부단한 자기 노력과 개발을 한다. 구체적인 방법으로는 첫째, 현재의 전문 인력을 최대한 이용해 1인 다역화 업무수행능력을 향상한다. 둘째, 입주사의 불편사항 및 민원업무를 즉각 처리한다. 셋째, 각종 설비의 유지보수와 관리를 한다. 넷째, 협력 및 위탁 업체의 관리, 감독을 강화한다. 다섯째, 안전 및 위험예방 업무를 강화한다. 여섯째, 건물 내외부의 위생 관리를 철저히 한다. 일곱째, 입주자 및 내방객에게 친절하게 봉사한다. 여덟째, 주차장 출입통제 및 흡연통제를 강화한다.

PART 04

부동산 종합 관리와 협력사업 종합서비스

부동산 경영 관리 사례

경영 관리의 시작

내가 관리하던 인천이 모 이피드는 허가 사항으로 오피스텔과 공동주택이 각각 되어 있는 도시형 생활주택이었다. 겉으로 보기에 여느 아파트와 다를 것 없는 2개 동 규모의 200세대 아파트처럼 보이지만 실제 허가로는 주거용 오피스텔이다. 내가 2015년 1인 기업으로 처음 계약하고 관리했던 47개 건물 중 하나인 이곳은 신축건물이어서 한 세대도 입주하지 않은 상태였다. 관리가 시작되고 1년이 지나자 전체 입주가 이루어져 기본적인 관리를 하고 있었다.

그러던 어느 날, 입주자로부터 건설사의 하자불이행에 어떻게 대응해야 할지 모르겠다는 전화가 있어 현장을 방문하게 되었다. 그 자리에는 현직 주택관리사 및 하자보수업체가 방문해 있었다. 주택관리사는 내용증명으로 대응하고, 최후 소송을 하자는 쪽으로 안내하고 있었고, 하자보수업체는 하자보증금 청구만 안내하고 있는 상황이었다. 어찌 보면 두 사람 모두 당연한 수순에 따른 일처리를 하는 것으로 보이지만, 내 눈에는 주택관리사는 매뉴얼만 이야기하고, 하자보수업체는 수익적인 것만 안내하고 있는 것으로 보였다.

나는 관리업체 대표로서 일단 입주자의 하자 정도를 살피기로 하고, 전체 세대 중 80여 세대를 방문해 하자전수조사를 해보았다. 막상 조사해보니 전유부분의 세대 하자는 마감정도의 문제였지만, 내력구조부 즉 뼈대에서 발생하는 누수와 균열이 가장 큰 문제였다. 앞서 안내한, 주택관리사처럼 소송으로만 가자니, 긴 소송기간 동안 처리되지 못할 하자로 인한 입주자의 피해가 너무나 심각해 보였다. 그렇다고 하자보수업체의 안내처럼 하자보증금만 먼저 찾자니, 사업주체가 예치한 비용인 하자보증금을 청구 시 건설사, 즉 예치자의 인감이 들어가야 해서 건설사가 전체 입주자의 하자협의각서를 내세우면 추후 문제가 재발생시 소송을 해도 긴 시간을 들여야 할 수밖에 없는 입주자들 입장에서는 이러지도 저러지도 못하는 상황이었다.

일반적인 하자보수 영업사원들은 온오프라인 영업을 통해 반상회를 열고, 하자보증금을 안 찾으면 사라진다는 말로 입주자의 다급함을 이용해 계약한다. 물론, 공동주택관리법에 하자담보책임기간 이후 연차적 소멸이라는 것은 있지만, 건설사에 요청한 기록이 있다면 실상 소멸되지 않는다. 다만 기산일이 있을 뿐이다.

계약을 하고 각 구분소유자의 인감증명서를 요청해 서류를 받고, 주말 하루 날짜를 잡아서 각 세대 하자를 찾아서 사진으로 정리하면 1차적인 업무가 끝난다. 그 서류로 건설사 건축주의 지급동의서가 서울보증에 들어가면 그 후 약 한 달간 서울보증보험에서 심사 이후 보증금이 입주자대표의 통장으로 들어온다. 하자보수 비용이 입금되면 보수업체가 보수공사를 하는 것으로 완료가 된다.

하자보증금은 주택법상 수분양자의 권리와 시공사의 책임을 규정한 것이지만, 하자보증금을 일회성으로 모두 찾아서 한 번에 모두 사용하고 나면 추후 나올 수 있는 하자를 보수할 비용이 없다. 그러므로 보증 청구를 받은 이후까지도 예측해 입주자들의 권리를 지켜주어야 한다.

그래서 나는 소송 시 발생할 약 3년의 시간을 줄이고, 하자보증금과 권리까지 모두 얻을 수 있는 제안을 입주자들에게 했고, 입주자들은 6개월 만에 모든 하자와 하자보증금까지 청구해서 받을 수 있었다. 나는 그 업무를 통해 매월 수수료로 받는 관리 수익 외에 꽤나 많은 돈을 벌 수 있었다. 건물 경영 관리는 어느 한쪽으로 치우치지 않고, 정확한 제안을 하는 것이다.

관리 외 중개 서비스 제공 사례

건물 관리는 별로 할 일이 없다. 인력 파견, 안전 관리업체 파견 등의 업무가 주를 이룬다. 계약한 이후 인력의 업무보고와 사전점검을 충실히 하면 입주자의 신뢰를 얻게 된다. 나는 관리업체이기 이전에 입주자들과 동지 같은 사이가 될 수 있었다. 건설사의 하자불이행을 해결해준 동지 말이다.

입주 후 2년 정도 되면 하나둘 이사를 가기 시작한다. 그러면서 아쉬

움 때문인지, 아는 업체가 없어서인지, 관리업체인 나에게 중개업소 소개를 의뢰하는 입주자들이 생겼다. 이사를 많이 다녀본 사람들은 알겠지만, 이사라는 게 해도 해도 늘 똑같다. 잘 알아본 것 같아도, 또 아닌 것 같고, 지인이 공인중개업을 해도, 인터넷으로 알아봐도 참 어려운 것이 집 구하는 일이다. 입주자들도 이런 이유로 내게 좋은 중개업소를 소개해달라고 의뢰해왔다.

그런데 공인중개사도 중개보조원도 아닌 나로서는 인근에 오래되고 괜찮은 중개업소를 알아보고, 200세대에서 매년 30세대 가까이 주거이전이 있으니 우리 건물 입주자들에게 좋은 조건으로 중개해달라고 협약을 맺는 방법을 찾을 수밖에 없었다. 내가 중개업소를 알아보면서 힘들었던 것은 그들이 가진 정보가 불투명해서였다. 고객을 낚기 위한 일명 '낚시용 집'도 많았고, 급하게 내놓은 입주자의 집을 독점해서 가지고 있는 것도 보았다. 솔직히 그런 것은 인근 업체 몇 군데에 전화만 돌려보면 금방 알 수 있는데도 그렇게 하고 있었다. 중개업 관련 법에도 걸리지 않아야 하고, 입주자에게 공인중개사를 소개하는 일은 그렇게 쉬운 일은 아니었지만, 그 이후 내가 관리하는 아파트 입주자들은 집을 구입하거나, 임대를 찾을 때 이왕이면 나와 이야기가 된 중개업체에 의뢰하는 경우가 많아졌다. 공인중개사분들이 입주자에게는 수수료를 할인해줬고, 나에게는 일부 밥값을 제공해주면서 고마운 경험이 되었다.

이사, 청소 업체도 관리에 포함된다?

아파트에 살다가 주거이전을 하다보면 필수로 들어가는 것이 바로 이사업체와 인테리어업체이다. 매번 이사 갈 때마다 관리업체는 점검을 하고 정산을 한다. 그러다 보니 입주자분들이 이사 가기 두 달 전에는 인터넷을 통해 몇 군데 이사업체의 견적을 받고 있다고 한다. 막상 이사 당일이 되면 입주자와 이사업체와의 불협화음이 종종 들려오는데, 들어보면 참 다양한 이유가 있다.

이러한 상황을 지켜보면서, 우리 건물의 컨디션과 각 세대의 대략적인 상황을 알고 있는 이사업체가 전속으로 있다면 입주자는 저렴하게 서비스를 이용하고, 업체는 고정적인 고객을 확보해서 안정적인 매출을 보장받을 수 있겠다는 생각이 들었다. 그래서 나는 바로 전속 이사업체를 계약했고, 저렴한 가격과 품질 좋은 서비스를 약속받고 입주자들에게 제공할 수 있게 했다. 건물의 경영 관리가 플랫폼이라면, 나는 나도 모르게 이미 플랫폼 서비스를 제공하고 있었다.

관리비 절감방안을 찾다가 통신사업으로 확장

일반적인 건물의 인터넷과 티비 등은 개별적으로 계약해 사용한다. 한 통신사는 월 25,000원에 150채널, 5기가를 제공한다. 통신사마다 다르지만 빌딩, 오피스텔, 원룸 등에 들어가는 다회선, 일명 '기업통신'이라는 것이 있다. 일반적인 주택이나, 아파트는 들어가지 못하는 상품이나 오피스텔 등의 건물에는 들어갈 수 있는 상품이다.

나는 항상 내가 관리하는 건물이 인근 건물보다 관리비가 저렴해야 한다고 생각하는데, 내가 제공받는 월 위탁수익은 그냥 내가 덜 받으면 되지만 통신비는 그렇지 않다. 그런 이유에서 우연찮게 알아본 기업통신을 통해 내가 관리하는 건물의 입주자들은 월 1만 원도 안 되는 비용으로 인터넷 5기가와 150채널을 시청할 수 있게 되었다. 건물의 경영 관리에는 비용절감도 포함된다.

그 외에도 다양한 복합서비스를 제공하는 종합서비스를 해보았다. 그 결과 종합서비스의 장단점을 알게 되는 데 긴 시간이 들지 않았다. 단순히 물건을 만드는 것, 이동하는 것, 홍보하는 것을 경영이라고 하지는 않는다. 모든 것을 알고, 소비자 중심의 공급이 있어야만 경영이라고 할 수 있다. 모든 서비스에 공짜는 존재하지 않는다. 종합서비스는 소비자 중심에서는 차별화된 아주 좋은 플랫폼이고, 공급자 입장에서는 관리 수익의 3~4배를 창출할 수 있는 고부가가치산업이다.

부동산 경영 관리의 필요성

흔히 부동산 관리라고 하면 시설이나 건물 관리 혹은 임대 관리라고 생각한다. 그러나 관리비 부과, 인력, 보안, 미화, 종합적인 건물 시설 관리 등의 단순한 업무에 '종합 관리'라는 말을 사용해서는 안 된다. 주택관리사, 빌딩경영관리사 등 건물을 전문으로 관리하는 인력의 업무를 제한할 수 있기 때문이다.

실제로 건물종합 관리업체를 운영해보면 기본적인 관리업무는 보통 인력과 비용 두 가지로 서비스가 집중된다. 관리업체 입장에서는 계약 말고 사실 크게 문제가 될 것이 없다. 그러나 이러한 단순한 인력 파견, 시설 관리 업무는 소비자 입장에서는 어찌 보면 너무도 당연한 것이다. 요즘처럼 부동산 경기 하락으로 인한 다양한 산업의 불황은 소비자 입장에서는 매월 지출되는 고정 관리비용의 부담, 그리고 투자자 입장에서는 공실률과 미흡한 관리로 인한 손실, 판매자 입장에서는 매출하락이 큰 문제이다. 내가 보고, 이야기하는 것은 학자 측면의 결과가 아니라 23년간의 사업 경험, 그중 12년의 부동산 하자 관리 경영자의 측면에서 실제 겪었고, 우려하는 것들을 경영자와 판매자 입장에서 이야기하는 것이다.

우리나라의 부동산 관리는 두 가지로 볼 수 있다. 주택관리사와 경비보안, 미화, 시설전건팀이 있는 대단지 아파트와 빌딩 관리가 있고, 이 외에는 세대수가 적은 아파트와 빌라, 상가, 오피스텔 등의 상업용 건물 관리가 있다. 이러한 소규모 및 상업용 건물은 관리비 부담으로 전문 자격이 있는 주택관리사를 채용할 수 없고, 현재 법령으로도 의무관리 기준이 없어 비의무 또는 비전문 관리를 택할 수밖에 없다. 최근 들어 국토교통부에서 150세대 미만 공동주택도 구분입주자가 동의하면 의무관리 대상으로 전환될 수 있다는 기사를 본 적이 있다. 그러나 내 생각에는 이 또한 조삼모사식의 정책이라고 생각한다. 실제 현장을 보면 서울의 강남 등 일부 도시와 건물들은 150세대 미만의 비의무관리 대상임에도 이미 자체적으로 주택관리사 등에게 전문 관리를 맡기는 형태가 되어 있는데, 이 이야기는 세대수로 인해 전문 관리를 받을 수 없다고만 생각할 것이 아니라, 거주하는 입주자들의 경제상황도 고려해야 한다는 것이다. 주택관리사 최저 급여가 매월 300만 원이라고 가정해볼 때, 세대당 급여로 3만 원 이상 나간다고 하면 아무리 입주자 중 일부가 의무관리를 원한다고 한들 과도한 관리비용으로 인해 결국 기존과 같은 비전문관리 방식을 택할 수밖에 없다. 정책 결정은 존중하나 실용성이 없다는 것이 나의 생각이다.

건물의 종합 관리는 작게는 시설 관리, 하자보수, 회계 관리가 있고, 크게는 관리비 절감, 홍보, 운영으로 인한 경영적인 측면의 자산가치 상승이라는 목적이 있다. 아무리 거대한 빌딩이라도 임차인이 없고 유동인구가 적은 유령건물이라면? 또는 전문적인 관리를 받지 못해서 법적분쟁, 횡령, 배임 등 입주자 간의 시끄러운 상황에 노출되어 있다면? 투자는 해놓고 운영과 공실 해결이 어려워 경매로 줄줄이 나가는 건물이라면? 서울 도심 일부 또는 각 지역 일부 상권을 제외하고는 아마도 위의 상황에 한 번쯤은 노출된 건물이 많이 있을 것이다.

2020년은 최저시급이 8,590원인 시대이다. 부동산 관리는 비용 대비 서비스라는 당연한 숫자로 나타난다. 앞으로 부동산 관리는 '부동산 경영 관리'로 이야기해야 한다. 건물의 인력은 미화, 경비 등의 단순한 점검 관리를 넘어 전문서비스를 제공하는 인력으로 교육을 제공하고, 기계설비 등의 안전 관리는 자체 정기점검, 긴급점검, 안전점검 등 매뉴얼로 자동화시스템이 되어야 한다. 인력도 시스템화해서 각각에 맞는 업무처리가 이루어져야 하고, 사전점검, 사전교육을 통해 화재나 누수 등 긴급상황을 대비할 수 있다. 이러한 것들이 뒷받침되어야 건물의 공간과 인명을 보존하고, 안전한 관리문화가 이루어질 수 있다. 또한 다양한 공간셰어 사업을 통해 비어 있는 공간의 임대수익을 보장하고, 활동적인 빌딩으로 임차인과 임대인 모두의 필요를 만족할 수 있어야 한다. 지방의 경기가 하락해 부동산 경기 또한 이루 말할 수 없는 실정이다. 그러나 경기 탓만 할 것이 아니라, 부동산 경영 관리의 다양한 기법에 도전해야 한다. 건물의 효율적 관리와 관리비 절감은 그 시작이라고 할 수 있다.

공동주택의 홈페이지 운영

공동주택은 많은 입주자가 사용하는 곳으로 민원의 종류가 천차만별이다. 따라서 홈페이지를 구축하고 관리단(지원센터)의 운영 사항을 실시간으로 게재해 입주자의 민원을 최소화해야 한다. 홈페이지는 건물의 홍보에 주안을 두고, 게시판을 통해 입주자의 불편사항과 그 처리 과정을 알리고, 월 1회 관리비 게시로 예산 사용의 투명성을 보장한다. 또한 관리위원회의 회의결과 공고, 각종 공사업체 공개경쟁에 의한 업체선정 공고, 입주사별 정보공유를 위한 장소 등을 마련한다. 이외에도 공지사항, 단지와 연관된 관공서사이트 링크, 공용 및 복지시설 운영 방침, 관리규약, 지하주차장 운영 규정, 부동산 시세 등을 게재해 최유효 이용을 할 수 있도록 해야 한다.

친절봉사와 안전사고 예방

관리주체는 친절봉사 측면에서는 각종 근무자의 복장, 예절, 서비스 정신을 주기적으로 체크하고, 입주민의 요구를 충족시키기 위해 프로정신을 가지고 항상 웃고, 성실하며 알아서 먼저 최고의 서비스를 제공하겠다는 마음 자세를 가질 수 있도록 유도한다. 안전사고예방 측면에서는 아무리 잘해도 안전사고가 나면 그동안의 노력도 물거품처럼 사라진다는 점을 항상 명심하며, 월 1회 이상 각 부서별 안전활동을 강화한다.

❶ 친절봉사

- 능동적이고 즉각적인 민원처리를 지속적으로 실시
- 3, 10월 새봄맞이 환경정비 및 가을맞이 환경정비 실시
- 4, 11월 공용부위 점검 및 청소
- 10월 전기, 가스, 설비 안전점검 실시
- 입주민 불만사항 최우선적으로 처리(일일처리)

❷ 안전사고 예방

- 월 1회 안전사고 예방교육 실시
- 월 1회 이상 전기, 가스, 시설물 점검으로 안전활동 강화
- 3월 해빙기 자체 안전점검
- 7, 8월 장마철대비 시설물 안전점검
- 연 2회 시설물 안전점검
- 연 2회 소방시설 정기검사
- 추석, 구정, 연휴 특별경계강화

관리비 징수와 체납 시 대책

관리비의 사용범위 및 그 징수내역은 관계규정에 따라 8개 항목으로 되어 있고, 관리주체는 적법한 절차에 의거해 관리비를 징수해야 한다. 또한 관리기구는 관리비와 구분해 장기수선충당금과 시설물의 안전 관리에 관한 특별법에 따라 안전점검 대가와 안전진단 실시비용을 관리비와 별도로 징수해 관리해야 한다.

관리위원회(집행위원회)는 관리비의 예산 확정과 사용료의 기준, 감사의 요구와 결산의 처리를 담당하고, 단지 내의 전기, 도로, 상하수도, 주차장, 냉난방 설비, 승강기 등의 유지 및 운영의 기준을 결정한다. 관리비 사용료 및 장기수선충당금의 입주사별 부담액 산정방법, 징수, 보관, 예치 및 그 사용절차와 납부하지 아니한 자에 대한 조치는 관리규약으로 정해 조치를 강구해야 한다.

관리비 체납 시 대책

집합건물 중 공동주택은 수십 명 이상의 입주자가 상주하고 있고, 관리비체납으로 인해 관리운영에 많은 애로사항이 있다. 따라서 관리기구에서는 체납된 관리비를 효과적으로 회수하는 방안을 마련해야 하는데, 관리규약에 따라 2개월 이상 관리비 연체가 발생될 때는 주차장의 사용정지등 일부 공용부 사용을 제한하고, 3개월 이상 연체 시 전기 및 수도, 냉난방의 공급을 중단하고, 그래도 미납 시에는 지급명령 청구 등 법무 행정을 개시하고 있다. 그러나 장기연체자를 상대로 지급명령과 부동산 가압류 절차를 밟을 때마다 변호사를 선임하게 되면 변호사 수임료에 대한 관리비 부담이 있기 때문에 관리기구 자체에서 법적 절차를 진행하면 관리비를 줄일 수 있다. 따라서 관리주체에서는 지급명령 및 부동산 가압류 절차를 숙지해 체납관리비가 발생할 때마다 조치를 취해 관리비 절감에 기여해야 한다.

관리비 외 수입의 용도 및 사용절차

관리비 외에 관리로 발생된 수입(주차장 수입, 연체료, 부과차익 및 부대시설의 사용료 등)은 당해 연도 '관리 외 수입'으로 회계처리한다. 관리 외 수입은 예산이 책정되지 않았거나 예측할 수 없는 지출에 충당하기 위해 예비비로 적립하는 경우를 제외하고, 회계 연도가 종료 후 장기수선충당금으로 적립해야 한다. 당해 연도의 예비비는 관리규약에 의거해 전년도 관리비 부과총액의 100분의 2를 초과할 수 없다. 예비비를 사용하고자 할 때는 집행위원회의 승인을 얻어야 하며, 사용 후에는 구분소유자 등이 알 수 있도록 공시해야 한다. 따라서 관리비 외 수입비용을 사용 시 관리기구는 예산을 편성해 사업계획에 포함시켜야 외부감사 시 지적사항을 예방할 수 있다.

부적법한 가칭관리단 피해 사례

가칭관리단과 입주자대표

나는 사업하는 사람은 굳이 튀지 않고, 남들 하는 대로 조용히 돈만 많이 벌면 된다고 생각하는 사람 중 하나였다. 영업하고, 계약하고, 업무 매뉴얼을 만들고, 돈을 버는 일만큼 즐거운 게 없었다. 그런 내가 관리보다 수익이 적은 교육을 시작하게 된 계기가 있다.

인천시 부평의 한 동 아파트 200호실과 100호실 주거용 오피스를 관리하게 된 적이 있다. 나는 매뉴얼대로 신축 안내문과 관리비예치금 안내문을 5개월 이상 게시 공고하고, 구분소유가 51%가 되는 시점부터 80% 입주 시까지 반상회를 3회 정도 개최해 집합건물법과 공동주택관리법 일부를 들어 적법하게 관리단 선출을 독려하고 있었다. 그렇게 적법한 관리단 선출까지 3개월의 시간이 흘렀고, 어느 날 승강기 내부에 벽보가 붙어 있는 것을 보게 되었다. 입주자 중 한 사람이 '선출된 관리단의 얼굴을 본 적도 없다', '관리비예치금을 돌려받아야 한다'라며 분란을 만들고 있었다. 이에 그가 원하는 대로 반상회를 소집했고, 정식으로 선출된 관리단은 기분이 나쁘다며 관리단을 그만두겠다는 상황까지 벌어졌다. 결국 분란을 만들던 입주자가 관리단 감사가 되고, 그와 친한 입주자가 회장을 맡으면서 상황이 종료되나 싶었다. 그러나 곧 분란을 일으킨 입주자는 하자보증금만을 청구하러 다니는 예*건설 브로커로 밝혀졌고, 그가 밀어준 회장은 하자보수업체와 각별하게 일하는 중장비 기사로 밝혀졌다. 그러나 그들이 당장 불법적인 일을 한 건 아니어서 그냥 두고 볼 수밖에 없었다.

나는 본래 안정적인 수익을 추구했기 때문에 관리비가 비싸든, 싸든 크게 관심을 두지 않았다. 100세대 승강기 2대, 기계주차, 지하리프트, 소방, 전기, 경비원까지 해서 세대당 32,000원 정도 일반 관리비로 요청했고, 내 순수익은 매월 50만 원도 안 되는 수준이었다. 한 달 뒤 하자보수업체의 입주자와 중장비를 하는 관리단 회장으로부터 일방적인 계약해지 내용증명을 받게 되었고, 신축 관리 시 투입되는 자금이 많이 들어갔지만 쿨하게 나는 해약금을 받고 나가려고 했다.

그러나 그들은 미납관리비도 1,000만 원 이상 있는 상황에서 해약금을 주기 싫었는지 나와 내 업체를 무허가업체라고 허위사실을 유포하는 것도 모자라 지인을 통해 뉴스기사를 내보내고는 횡령으로 고소하기까지 했다. 그 후 나는 그곳 입주자들이 허가가 없는 관리업체의 서비스와 매월 8만 원 이상, 전기수도 포함 12~13만 원에 달하는 관리비를 내고 있다는 사실을 알아냈다. 기가 차고 어이가 없는 사실이지만, 이런 건물에서 봉사하는 자리인 관리단 임원을 굳이 자발적으로,

그리고 정식관리단을 쫓아내면서까지 하려는 이유는 역시나 이권 때문이라고 본다.

매월 3만 원에 가능한 관리비가 8만 원이 되었다면 입주자들이 가만히 있겠냐고 생각하겠지만, 입주자들은 관리에 관심이 없고 더욱이 외국인과 신혼부부, 어르신들만 사는 곳이라면 더욱 이권이 관계된 사실이 많을 것이다. 그리고 입주자들은 목소리 큰 놈과 싸우고 싶어 하지 않는다. 간혹 밀레니엄세대들이 정직하게 싸우는 일을 제외하고 말이다.

이런 관리단대표들의 특징은 혼자 슈퍼맨처럼 모든 일을 하려고 하는데, 사실 알고 보면 이권이 있는 일들만 한다는 것이다. 그들이 관리업체와 하자보수, 공사 등의 이권이 있는 계약을 할 수 없도록 관리규약을 재정한다면 과연 그때도 그들이 봉사를 한다고 할지 궁금하다. 앞서 사례를 든 그 건물은 관리비가 넘쳐나지만, 돈은 없을 것이고, 준공이 3년이 지나지도 않았는데 하자보수를 진행할 것이다. 이유는 단 하나이다. 하자보수업체 브로커가 그 건물의 감사이기 때문이다.

안타깝게도 내가 당한 이러한 사례는 참으로 많다. 입주자대표에게 뒷돈을 주지 않으면 이런한 일들이 더욱 많이 발생한다. 관리비를 올려서 매월 로비를 하지 않으면 이런 추한 경우를 당하는 것이다. 내가 관리와 하자보수 전문가로 살면서 부족해도 최선을 다할 수 있었던 것은 그나마 입주자들의 신뢰 때문이었다. 기존 관리업체 중에는 전문성이 떨어지는 업체들이 많이 있다. 이들은 로비를 통해서 계약한다. 그런 사람들이 만들어 놓은 14만 개 건물, 천만 가구가 살고 있는 중소형 골목 시장 부동산 관리에 전문성을 불어넣고자 나는 교육으로 방향을 틀었던 것이다.

대응과 관리 방안

분명한 것은 가칭관리단이라고 하는 사기꾼들은 우리 옆집 이웃이고, 그들 중에는 적법하게 선출된 임원이 거의 없다는 것이다. 그들은 모두 가칭관리단이다. 정식관리단은 거의 없을 것이다. 다음 사항을 확인하면 정식관리단인지 판단할 수 있다.

첫째, 집회 일주일 전 회의의 목적사항을 구체적으로 밝혀서 반상회를 열었다(예를 들어, 회의 안건 : 관리단 회장, 총무, 감사 투표 및 선정). 둘째, 반상회 당일 총인원 중 과반수가 참여했다(51% 이상). 과반수 모임에서 소유주, 임차인 누구라도 본인 신분을 분명히 밝히고 참여한 사람을 그 자리에서 결정했다(임차인은 임대인의 동의가 있어야 투표권이 생긴다). 셋째, 과반수가 불참했다면 관리단 선출로 나선 이들을 수일간 게시 공고 또는 각 구분소유주에게 우편 발송해, 관리사무소 동의를 받아 진행했다. 이때, 동의는 구분소유주 또는 임대인의 동의를 받은 임차인으로 1가구당 1표를 행사한다. 이러한 과정을 거쳐 선출된 사람이 바로 정식관리단이다. 만약, 반상회에 불참했는데, 본인이 대표라면서 집집마다 동의서를 받는다면 그런 행위 자체가 본인이 가칭관리단이고, 추후 불법을 저지를 수 있다는 일종의 신호이므로 반드시 조심해야 한다.

관리업체의 변경과 해지, 관리단의 변경과 해지, 공사업체의 변경과 해지, 그리고 모든 계약은 적법한 절차에 따라 이루어져야 안전하다. 내가 겪었던 뒷돈을 원하는 건물 대부분의 관리단대표는 모두 입주자 몇몇이 거수로 인정한 가칭관리단이자 일명 '이웃사기꾼'이었다.

PART
05

부동산 종합 관리의 효율성

부동산 관리 시장의 현황

주민들이 내는 아파트 관리비가 줄줄 새고 있다. 일부 아파트 단지 부녀회는 관리비를 매년 1,000만 원 이상 마음대로 갖다 쓰는가 하면, 각종 아파트 공사업체가 불투명하게 선정돼 관리사무소와 입주자대표회의 등이 리베이트를 받는다는 의혹마저 제기되고 있다. 그동안 아파트 관리비 회계가 외부 감시를 받지 않는 사각지대에 놓여 있었던 탓이 크다는 지적이다.

국토교통부 공동주택관리정보시스템(www.k-apt.go.kr)에 최근 공개된 서울 시내 300가구 이상 아파트 단지의 회계감사보고서(2014년 기준)를 〈한국경제신문〉이 분석한 결과, 부적합 의견을 받은 단지 267곳 중 154곳(57.6%)이 현금흐름표를 내놓지 않았다. 현금흐름표는 관리비 및 각종 수입과 지출 내용을 구체적으로 파악할 수 있는 자료로 회계감사보고서에는 필수이다. 구의평 한국공인회계사협회 연구위원은 "현금흐름표가 없는 아파트 단지는 현금 유·출입의 투명성이 떨어진다고 봐야 한다"라고 말했다. 일부 아파트 관리사무소가 비리를 숨기기 위해 현금흐름표를 제출하지 않았을 수 있다는 이야기이다.

아파트 등 규모가 큰 공동주택은 입주자대표회의 등 관리체계를 갖고 있지만 20세대 이하 소규모 공동주택은 관리주체가 없어 건물 관리에 불편이 많다. 특히 공용공간에 개인이 주먹구구식으로 시설을 설치해 주민 간 갈등을 빚는 상황이 연출되기도 한다. 강서구는 이러한 소규모 공동주택 건물 관리의 취약점을 보완하기 위해 통합 관리방안을 추진한다고 한다. 이 방안에 따르면 절도 등 침입범죄를 예방하기 위해 방범창, 가스배관 보호시설 등의 방범시설을 반드시 만들어야 하고, 재활용 및 음식물 수거함도 설치해야 한다. 에어컨 실외기 등의 시설은 건물 간 설치를 지양하고, 베란다나 옥상에 설치해 소음으로 인한 분쟁을 원천 차단한다. 아울러 건축물 유지 관리에 필요한 설비도면, 하자 보수증서 등을 보관하는 보관함도 마련하도록 했다. 강서구는 건축허가 신청 시 통합 관리방안이 반영된 도면을 제출받아 이행 여부를 점검하기로 했다. 또 이미 허가된 공동주택의 경우 행정지도를 통해 통합 관리방안을 준수할 수 있도록 계도할 방침이다.

2년간 5억 원을 들여 연구소 및 법인설립, 정식허가업체를 운영하던 건물관리업체 대표가 이웃사기꾼으로 불리는 악덕 관리단대표 때문에 고소고발을 당했다. 관리단대표를 맡은 이들은 일방적 계약해지를 보냈고, 그에 맞서는 관리업체를 무고한 혐의로 맞소송을 진행하고 있다. 이렇듯 관리업체를 변경하면서 얻을 수 있는 이권으로 많은 중소형 건물의 분쟁은 그 중심에 입주자대표와 측근들이 있다. 입주자들의 무관심으로 인해 관리업체 변경 및 운영을 일부 입주자와 관리단이 결정하는데, 매월 수백만 원의 뒷돈을 받는 관리단과 그들과 결탁한 관리업체들의 행태는 날로 심각하다. 동대표나 임원들은 월급 없이 봉사한다고 하면서도, 관리업체나 보수업체에 무의식적으로 돈을 요구하고, 응하지 않으면 입주민에게 유언비어를 퍼트리며, 업체를 변경하도록 종용한다. 그로 인한 경제적 피해는 결국 고스란히 입주민에게 전가된다.

집합건물의 효율적 관리와
관리비 절감 방안

집합건물이란?

1동 건물 중 구조상 구분된 수 개의 부분이 독립한 건물로 사용될 수 있는 건물을 말하며, 집합건물의 소유 및 관리에 관한 법률에 따른다. 이전에는 건축 시행자가 비교적 큰 비용이나 투자 없이 다수의 구분소유자 모임에 의해 대형으로 건축할 수 있는 상품력과 정부의 부동산 완화 정책에 따라 다양한 형태로 지속적인 발전이 있을 것으로 예상되었다. 우리가 흔히 알고 있는 빌라, 상가, 공동주택 등도 집합건물에 들어간다. 상업용, 주거용, 비주거용 등으로 나열할 수 있지만, 실상 우리 주변에 있는 모든 건물을 칭한다. 단, 단독주택은 제외된다.

⟨집합건물의 용도별 분류⟩

구분	기능요소	내용
주기능 요소	주거	아파트, 기숙사, 연립주택 등 공동주택 상가주택
	업무	오피스텔, 회의실, 소규모 사무실, 벤처기업체 사무실, 지식산업센터 사무실
	상업	도·소매 판매업종, 할인점 등 서비스업종 수리업체 등
부가기능 요소	숙박시설	호텔(아파트먼트호텔, 비지니스호텔)
	문화관련시설	영화관, 전시장, 공연장, 갤러리 등
	체육/여가시설	실내스포츠센터, 볼링장, 실내수영장, 당구장, 아이스링크 등 광장
	공공시설 및 휴게시설	유치원, 양로원, 학원, 우체국, 동사무소 등 / 분수대, 휴게실 등

※ 집합건물의 대형화, 고층화, 단지화, 정보화로 한 건물 내에서 주거, 업무, 상업, 오락 등 모든 기능이 통합되었다.

집합건물 관리업무의 문제점은 집합건물이 개발·분양하는 건축주의 판매수익 극대화를 목적으로 건설되기 때문에 준공 후 관리에 관한 배려가 부족하고, 대형 집합건물의 관리업무에 참고할 만한 실무서적이 미비하다는 것이다. 또한 관계법령상 미비한 사항이 많아서 불합리한 관리업무 관행이 계속되고 있다. 그로 인해 전문적인 관리소장의 역할이 증대되고 단순한 건물유지, 관리업무에서 탈피해 행정, 회계, 법률, 유통, 홍보 등에 대한 다양한 경험과 지식을 가지고 건물의 경영 관리를 해야 한다.

관리자는 어떤 이권에서 벗어나 행정관청 및 건축주, 시공회사, 구분소유자, 임차인 등의 이해가 상반되는 문제가 발생할 경우, 중립적인 입장에서 조정할 수 있어야 한다. 이를 통해 선량한 관리주의자로 신뢰감을 유지해야 한다.

과도한 관리비 문제와 절감 방안

1960년대 세운상가, 낙원상가 1980년대 후반 첨단 주상건축물 등장, 보라매 복합타운, 상계동 신시가지, 분당, 1990년대 후반기 다양한 용도의 집합건물이 생긴 일산, 테크노마트 21, 국제전자센터, 중앙유통단지 테마폴리스, 타워팰리스 등이 이러한 집합건물에 해당한다. 이 건물들을 살펴보면 고급화, 초대형화, 첨단화, 기능의 복합화가 진행되었음을 알 수 있다.

〈2014년 12월 기준 건물별 평당 관리비 현황(25층 이상)〉

건물명	평당단가(원)	위치	건물명	평당단가(원)	위치
한화증권	23,000	여의도	세라빌딩	31,200	논현동
삼성생명	34,000	여의도	IFC국제금융센터	40,000	삼성동
씨티센터타워	35,000	여의도	미진프라자	29,300	역삼동
큰길타워	34,500	역삼동	LG트윈타워	25,000	양재동

아무리 고급화, 초대형화, 첨단화, 기능의 복합화가 진행된다고 해도 평당 23,000원에서 40,000원의 높은 관리비용은 입주사(민)에게 재정 부담과 그로 인한 부동산 시세 하락에 영향을 미칠 것이다. 효율적인 관리 및 관리비 절감 방안은 다음과 같다.

❶ 실비 부과

소방, 승강기, 전기, 기계설비와 같은 건물의 안전 관리 부과 방식을 건물의 내용연수를 반영한 시스템 관리로 계약한다. 즉, 5년 미만의 신축건물과 그 이상의 구옥건물로 나누어 계약방법과 부과비용을 산정해 계약한다. 실제로 신축 15층 아파트 승강기 보수료는 5년 미만 매월 10만 원이 적정한데, 신축 보증기간임에도 불구하고 일부 승강기업체들은 종합계약을 이유로 매월 15만 원 이상 20만 원 미만의 보수료를 받아가곤 한다.

❷ 인력 중심의 시설 관리

경비, 위생 관리 등 일정 관리가 필요한 부분의 인력은 정기 관리, 순회 관리, 긴급 관리로 나누어 체계적인 계약 관리가 필요하다. 경비원이 택배를 집 앞까지 가져다주는 서비스가 사라진 요즘, 해당 건물의 필요에 맞는 인력을 구성해 시간제, 기간제, 관리제로 체계적 관리를 할 필요성이 있다. 실제로 의정부의 먹자골목 내에 있는 150세대 아파트는 인근 상권으로 인해 주차단속에 인력을 쓰고, 매월 고정관리비로 250만 원을 지출했다. 1세대에 17,000원의 관리비가 매월 발생했는데, 해당 아파트에 주차차단기 두 대를 설치함으로써 매월 17,000원의 비용을 절감하는 등 인력중심의 시설 관리 방식의 변화가 관리비 절감으로 이어진다.

❸ 관리 계약

건물 위탁 관리의 계약방식을 일반 혼합 관리, 종합 관리 등의 고정적인 측면에서 벗어나 해당 건물에 맞는 관리 방식을 적용해야 한다. 대형 아파트가 아닌 한두 동 아파트의 경우 주택관리사, 경리과장, 시설과장, 경비원, 미화원 등의 고정 관리비는 단순 인력임에도 불구하고 최저시급을 반영한다 해도 매월 수천만 원의 불필요한 관리비가 지출된다. 해당 건물에 꼭 필요한 정기, 긴급, 순회 관리로써 건물 공용 관리를 충족하고, 시스템적인 측면을 체계적으로 관리한다면 매월 발생하는 관리비를 절감할 수 있다. 그러나 일반적인 건물 관리의 근본적인 문제점은 다음과 같다.

- 구분소유자 간 상반된 이해관계로 관리사무소 불신임
- 예산 사용의 불투명성
- 관리소장(관리인)의 근무 자세
- 관리사무소 직원의 자질 문제
- 부동산 시세 하락
- 구분소유자와 시행사 간 상반된 이해관계로 인한 소통결여 현상
- 시행·시공사의 구분소유자 하자요청에 대한 처리문제
- 시행사의 미분양분에 대한 관리비 체납문제
- 예산 사용의 불투명성
- 관리업무 담당자의 자질 문제

이를 개선하기 위한 방안으로는 앞서 소개한 적 있는 통합 관리(기술적, 법률적, 경영적 관리)를 통해 구분소유자와 시행사, 관리자 등의 이해관계를 풀어야 한다(p.48 참고).

건물 관리업체 및 관리자의 능력 향상

건물 관리와 관련한 업무를 사업목적으로 하는 회사가 소규모 청소대행업체를 포함하면 약 10만여 개가 있다. 하지만 수많은 건물 관리업체 중 전문성을 갖춘 업체 및 관리자는 찾기 힘든 실정이나. 레느오션 시장의 대형 아파트 빌딩 관리업체들의 시스템은 기존의 단순화 건축구조에서 자동화된 시스템설비, 기계장치 등을 갖추며, 대형화와 더불어 복잡화된 모습으로 계속 진화하고 있다. 이러한 관리의 진화는 이전 건물 관리업체들이 제공해왔던 주먹구구식 관리업무를 타파하고 전문적이고 체계적인 서비스로 변화해야 한다는 것을 알려준다. 건물 관리업체들의 업무능력의 차이는 대형화, 고층화, 복잡화 되어가고 있는 집합건물의 시스템과 시설물의 내용연수 및 경영 관리를 통한 경제가치상승을 결정하는 중요한 요소가 되고 있다. 더불어 부동산 경영 관리의 활성화 및 이를 통한 건물가치의 결정에도 중요한 요소가 되고 있다.

2가구 이상이 공존하는 오피스 등 상업용, 주거용 집합건물(부동산)의 시장에는 예전과 달리 건물(공급자)이 넘쳐나고, 이러한 공급 과다는 소비자(입주자)들이 상품(부동산)을 선별할 수 있는 기회를 제공하고 있다. 따라서 건물의 디자인, 규모, 이동 동선의 편리함, 관리 상태에 이르기까지 건물을 이용하는 고객들의 상품 판별 기준이 높아지고 있다.

일반적인 설계회사나 시행, 시공사와 달리 건물 관리 회사는 준공 이후 사용상의 편의와 건물의 효율적이고 지속적인 관리 측면에서 후방 분야의 경영 관리를 참고해 설계를 바라보는 시각을 가지고 있어야 한다. 따라서 풍부한 경험을 가진 관리자는 어떠한 건물이 활성화되고, 어떠한 건물이 공실 상태가 되는지를 경험을 통해 알고 있으므로 전문 경영 관리자의 능력을 발휘해야 한다. 또한 전문 경영 관리자는 다양화되는 건축자재에 맞는 청소기법과 고객 니즈에 부응하는 경비원, 안내원 등의 응대 서비스 교육, 공실률을 줄이고 수익률을 상승시키기 위한 컨설팅 능력, 건축법 및 건물 관리와 관련된 전문지식과 건물의 활성화를 위한 마케팅 능력까지도 갖추어야 한다.

시설 관리 서비스의 품질은 직원 교육이 좌우한다

건물 관리업체에서 시설물 관리 서비스를 제공받는 입주자들은 체계적인 서비스와 편의서비스를 받고자 하는 욕구가 있다. 그래서 시설물 관리 서비스가 '인력 중심 서비스인 만큼 서비스를 제공하는 사람의 마인드와 사람의 품질이 곧 서비스의 품질과 건물 관리의 수준을 결정한다'는 기본적인 접근에서 직원들의 교육을 강화함으로써 입주자에게 최고의 서비스를 제공하기 위한 노력을 해야 한다. 따라서 전문 경영 관리자는 현장 또는 사무실에서 직원들에 대한 직무능력향상 교육과 서비스 품질 교육 등을 지속적으로 실시해야 한다. 또한 전문 관리자는 교육프로그램을 지속적으로 연구개발함으로써 교육의 품질을 올려야 한다. 교육의 방법에는 관리소장이 직원을 상대로 직원 간담회 및 안전 교육과 전 직원을 상대로 통합교육(친절서비스 자세, 건축물안전 관리, 수목 관리, 전기안전 감전 방지대책, 하절기 에너지절약, 화재 및 위험물, 소화설비)과 각 분야별(전기, 소방, 기계, 보안, 청소, 조경)로 직무수행과 병행하는 교육 훈련인 OJT 교육 등을 정기적으로 실시해야 한다. 또한 그에 따른 보상 및 휴가로 사기를 올려야 한다.

에너지 절약 연구

입주자의 쾌적함을 저하시키지 않으면서 냉난방, 환기, 조명 등의 실내 환경 조절을 목적으로 소비되는 에너지 사용을 최소화하기 위해 건물을 대상으로 에너지 절약의 기술적 조치를 해야 한다. 더불어 실질적인 에너지 사용형태, 시스템의 효율, 정상적인 작동 및 운전 스케줄 등에 대해서도 지속적으로 유지 관리함으로써 건물의 생애기간 동안 최상의 에너지효율을 유지해야 한다. 에너지 관리 절차는 첫째, 건물의 에너지가 어떻게 소모되고 있는지 면밀히 파악한다. 둘째, 에너지를 절약하기 위한 모든 가능성을 도출하기 위해 합리적인 방안을 모색한다.

셋째, 에너지 절약을 위한 각종의 조치를 취하기 위해 필요한 내용을 파악, 분류해 우선순위를 정한다. 넷째, 우선순위에 따라 각종 에너지 절약을 위한 조치를 실행한다. 마지막으로, 에너지 절약 조치로 인한 절감 효과를 검증하고 유지하기 위해 계속적으로 감시한다.

시설의 관리 운영 계획

시설물 관리자는 입주자를 최우선적으로 생각하는 서비스 신념을 가지고, 단정한 용모와 친절한 대화와 고객의 불편사항을 실시간으로 처리하기 위해 관리자들의 선진 관리기술 습득과 자기계발에 노력해야 한다. 따라서 계획성 있는 운영으로 입주사의 신뢰를 확보하려면 관리자는 구체적으로 어떻게 시설물을 운영해야 할까? 먼저, 계획서가 중요한데, 시설 관리 운영계획서에는 다음의 내용을 포함시킨다.

- 기본 방향
- 조직 운영 방안
- 업무 분담(시설소장, 행정, 관리, 전기·방재, 기계, 보안, 주차, 청소, 조경 등)
- 분야별 연간 계획
- 분야별 주요 업무
- 법정면허 선임
- 분야별 유지 관리 계획
- 외주 용역계약 업무

안전 관리 계획서 작성

안전 관리 계획서는 관리규약에 의해 제반 공동시설 및 부대, 복리시설로부터 입주자의 생명, 신체 및 재산의 위험이나 장애가 될 수 있는 요인을 사전에 제거하고 같은 유형의 안전사고를 예방함으로써 안락한 업무환경을 조성할 수 있는 대책과 제도를 마련하는 것을 목적으로 한다. 포함사항은 다음과 같다.

〈안전 관리 계획서의 포함사항〉

제1조 【목적】
제2조 【안전 관리 대상 및 책임】
제3조 【적용 범위】
제4조 【안전 관리 위원회】
제5조 【업무 분담】
제6조 【사고의 분류】
제7조 【사고의 보고】
제8조 【보수 업무의 책임한계】
제9조 【보수 업무】
제10조 【기관 설비 안전수칙】
제11조 【기계실 관리】
제12조 【급수 위생 관리】
제13조 【유류 관리】
제14조 【변전설비 안전수칙】
제15조 【전기기기의 조작】
제16조 【전기설비의 이상이나 고장】
제17조 【비상전원】
제18조 【소방 시설의 안전수칙】
제19조 【소방 설비의 안전】

제20조【승강기 안전수칙】
제21조【승강기 설비의 안전】
제22조【승강기 설비의 안전점검 및 보수】
제23조【급수장 안전수칙】
제25조【기타 시설의 안전수칙】
제26조【건축 시설의 안전】
제27조【토목 시설의 안전】
제28조【안전 관리자 선정 현황】
제29조【교육 계획】
제30조【교육 훈련】
제31조【교육 방법】
제32조【교안】
제33조【교육의 성질】
제34조【목적】
제35조【대상 시설물 구분】
제36조【안전사고 대상 시설물의 구분】
제37조【대상 시설물의 대책 분류에 의한 세부계획】
제38조【예산 지원】
제39조【계획 외 사항】

시설 관리자 평가

집합건물 관리단에서는 용역업체 선정 시 입주민 만족도 평가를 위해 입주자에게 직접 평가를 받거나, 전문평가자를 이용해 용역업체를 평가할 수 있도록 각 분야별(관리, 전기·방재, 기계, 청소, 보안, 조경)로 평가할 수 있는 시스템을 구축해 체계적으로 관리한다. 또한 업체 선정

시 평가 자료를 투명하게 관리하고 이용해야 한다. 따라서 평가할 사항을 숙지해 리스트를 작성하고, 평가자의 공정한 평가를 유도한다. 각 분야별 평가 리스트는 다음과 같다.

❶ 관리 분야

- 사업계획서 작성 여부
- 각종 서류 및 장부 상태
- 화재 예방 강화 교육 상태
- 장비, 공구, 비품 재고 조사 여부
- 안전 관리 계획서 작성 및 실적
- 시설 관리 계획서 작성 및 실적
- 정비 계획 및 실적
- 건축 설비 유지보수 업무
- 외주용역의 계약 업무
- 자재창고 운영 관리
- 하자, 민원, 불편사항 처리
- 주차 관리 업무
- 중앙 감시실 운영 관리 등

❷ 전기 분야

- 유지 관리 계획 수립
- 분기, 월간 계획서에 의한 관리
- 전력 설비 유지 관리

- 조명 설비 유지 관리
- 수변전 설비 유지 관리
- 발전기 설비 유지 관리
- 무정전 전원 설비 유지 관리
- 승강기 유지 관리
- 하자, 민원, 불편사항 조치
- 전기요금 절약 방안 강구
- 비상사태 대비 전기 설비 안전 관리
- 직무능력 향상 교육 등

❸ 기계 분야

- 유지 관리 계획 수립
- 분기, 월간 계획서에 의한 관리
- 열원 설비(냉온수), 열교환기 유지 관리
- 저수조 설비, 급배기 설비 유지 관리
- 중수, 오수, 급탕 설비 유지 관리
- 가스, 위생 설비 유지 관리
- 각종 펌프, 분수대 설비 유지 관리
- 급배기팬, 자동제어 설비 유지 관리
- 하자, 민원, 불편사항 조치
- 냉난방 요금 절약 방안 강구
- 비상사태 대비 기계 설비 안전 관리 실태
- 물탱크 청소 유지 관리

- 각종 누수 배관 사전 점검 유지 관리
- 수질 관리 및 실내 공기질 측정 등

④ 방재 분야
- 소방계획서 작성 상태
- 자위소방대 조직 및 관리
- 소방 시설의 일상적인 유지 관리
- 화기 취급 및 관리
- 소방 설비, 경보 설비, 소방 시설의 작동
- 방화 관리 대행업체 통제 여부
- 소방 분야 유지 관리에 따른 지적 사항 조치
- 소방 설비, 경보 설비, 소방시설의 작동
- 종합 정밀점검 실시
- 소방법 및 관계법규에 맞게 시행 여부
- 비상발생 시 비상조치요령

⑤ 청소 분야
- 출입구·로비 관리 상태
- 복도·계단 관리 상태
- 화장실 관리 상태
- 승강기 내·외부 관리 상태
- 외곽 관리 상태
- 주차장 관리 상태

- 외부 유리 관리 상태
- 폐기물 처리 및 쓰레기장 관리 상태 등

❻ 보안 분야

- 내방객 또는 입주사 응대 시 조치요령
- 전화 응대 시 조치요령
- 기계 경비시스템 조치요령
- 야간 순찰 요령
- 거동 수상자 발견 시 조치요령
- 근무자 복장 상태
- 근무자의 책임감, 주인의식 상태
- 근무지 운영 관리

❼ 조경 분야

- 연간 조경 계획 수립
- 월별 조경 관리 계획서 작성과 시행 상태
- 병충해 방재 여부
- 고사목 관리, 토양 관리
- 잔디 관리, 제초작업
- 전지, 전정 상태
- 유실수 시비 상태
- 소나무, 상록수 등 고급 수종 관리 상태 등

건물의 경제적·인적 관리

예산 사용의 투명성 보장
(집합건물법 제38조 의결권, 제41조 서면 동의)

각종 시설사업 집행 시 공개경쟁입찰을 실시해 예산 사용의 투명성 보장과 예산을 절약한다. 업체 선정 후 관리위원회 승인을 받아 집행한다. 업체선정 및 회의결과를 홈페이지 또는 게시판에 올려 투명성을 보장한다. 500만 원 이상 자금 집행 시 회의안건을 상정(의제, 필요성, 입찰 방법 등)하고 관리위원회에서 승인받는다.

직무 능력 향상

자기 업무뿐만 아니라 유사 업무에 통달하기 위해 부단한 자기 노력으로 개발한다. 또한 아래 사항에 대한 능력을 향상하기 위해 내·외부의 교육을 확대한다.

- 현 전문 인원을 최대한 이용, 1인 다기능(다역화) 업무 수행능력 향상
- 입주사 불편사항 및 민원업무 즉각 처리 능력 향상
- 각종 설비 유지보수 및 관리(예방적 차원)
- 안전 및 위험예방 업무 강화로 사고율 '0'
- 건물 내외부 위생 관리 철저
- 입주사 내방객에 대한 친절봉사
- 주차장 출입통제 및 보안 순찰 등

실제 사례를 통한 관리비 분석

건물 관리 운영에 있어 관리비는 매우 중요한 위치를 차지한다. 지금부터 관리비에 대해 구체적으로 살펴보도록 한다.

관리비예치금

(1) 구분소유자가 납부한 관리비예치금은 당해 집합건물의 관리 및 운영을 위해 사용한다.

(2) 관리비예치금은 운용 중 구분소유자가 변경되는 경우(매도로 인해 소유권이 변경될 경우) 매도자와 매수자 간에 그 권리를 상계해야 한다.

(3) 운영위원회는 관리비예치금이 당해 관리기구의 운영에 추가로 소요되는 경우 그 과반수의 찬성으로 의결하고 관리위원회 추인을

받아야 한다.

(4) 관리비예치금을 납부하지 아니한 구분소유자 등에 대한 조치는 관리비 체납자의 처리규약을 준용한다.

(5) 관리비예치금은 재건축 등의 사유로 관리단이 해산할 경우 해산 당시의 구분소유자에게 반환해야 한다.

관리비 등

(1) 관리비는 다음 각 호의 비목의 월별금액의 합계액으로 한다.
- 일반 관리비
- 청소비
- 경비비
- 소독비
- 승강기유지비
- 냉난방비(냉난방열량계 등이 설치된 경우)
- 급탕비
- 수선유지비

(2) 다음 각 호의 비용에 대해서는 제1항의 관리비와 구분해 징수해야 한다.
- 장기수선충당금
- 시설물 안전점검의 대가
- 안전진단실시 비용 및 안전점검 비용

(3) 관리기구는 구분소유자 등이 납부하는 다음 각 호의 사용료 등을 구분소유자 등을 대행해 그 사용료 등을 받을 자에게 납부할 수 있다.
- 전기료(공동으로 사용되는 시설의 전기료 포함)
- 수도료(공동으로 사용되는 시설의 수도료 포함)
- 가스 사용료
- 지역난방 방식인 냉난방비와 급탕비
- 정화조오물 수수료
- 생활폐기물 수수료
- 건물 전체를 대상으로 하는 보험료
- 운영위원회 운영비

(4) 관리기구는 승강기 등 공용시설물의 사용료를 당해 시설의 사용자에게 따로 부과할 수 있다.

(5) 관리기구는 보수를 요하는 시설이 2세대 이상의 공동사용에 제공되는 경우에는 이를 직접 보수하고, 당해 구분소유자 등에게 그 비용을 따로 부과할 수 있다.

(6) 관리기구는 관리비 등을 통합해 부과할 때는 그 수입 및 집행내역을 쉽게 알 수 있도록 정리해 구분소유자 등에게 알려주어야 한다.

(7) 관리기구는 관리비 등을 운영위원회장과 관리기구장의 공동명의로 운영위원회가 지정하는 금융기관(은행)에 예치해 관리한다.

(8) 관리비 세대별 부담액 산정방법
　① 회계처리의 계정과목 기준(p.21 '집합건물 일반 관리비 계정과목' 표 참고)

② 제1항에 불구하고 각 호의 사용료를 구분소유자 등의 편의를 위해 관리기구가 징수권자를 대행하는 비목 중 세대별 설치된 비목별 계량기에 의해 사용량을 산정하는 경우 다음 각 호에 의해 산정한다.

   a. 전기 : 한국전력공사 전기공급에 관한 규약과 규정 또는 그에 관한 계약서

   b. 수도 : 당해 지방자치단체의 수도급수조례 또는 그 공급규정

   c. 가스 : 가스공급회사의 요금정산서

   d. 그 밖의 공급자 약관 및 계약서

③ 장기수선계획서의 수립 등

   a. 관리기구는 사업주체로부터 장기수선계획서를 인수해 이를 관계 법령에 따라 수정할 수 있다.

   b. 장기수선충당금은 사용검사 1년 후부터 적치한다.

   c. 장기수선충당금은 집행위원회가 지정하는 금융기관에 별도로 예치한다.

④ 관리비 등의 산정 기간

관리비 등의 산정 기간은 매월 1일부터 말일까지로 한다. 다만 전기, 수도, 가스 등 징수권자를 대행하는 사용료는 징수권자의 약관 등이 정하는 바에 의한다.

⑤ 관리비 등의 납부기간

   a. 관리비 등의 고지는 매월 15일 납부기한은 말일까지로 한다. 다만 납기일이 공휴일인 경우에는 금융기관의 다음 첫 근무일까지로 한다.

b. 전출하는 입주자가 계약서 등에 건물을 명도하기로 정한 날을 기준으로 명도 전 3개월 평균 관리비 등을 당월의 일수로 나눈 금액에 0.05(오차 비율)%를 가산한 후 당월 점유 일수를 곱해 산출한다. 다만 사용료 중 검침이 가능한 비목(전기, 수도, 가스 등)은 검침계량에 따라 정산한다.

⑥ 관리비 등의 징수, 보관, 예치

   a. 관리비, 사용료 및 장기수선충당금 등(이하 '관리비 등'이라 한다) 제수납금의 납부 고지서는 층, 호수 및 관리비 등의 비목별 금액, 납부기한, 납부장소 등을 명시해 납기일 7일 전에 구분소유자 등에 도달하도록 해야 한다.

   b. 관리비 등은 집행위원회가 지정하는 금융기관에서 수납 및 예치해 관리한다.

   c. 관리비 등은 목적 외의 용도로 사용할 수 없다.

   d. 관리비 등의 납부는 체납된 관리비 등부터 납부해야 한다.

⑦ 관리비 및 사용료의 사용절차

   a. 관리기구가 관리비를 사용하고자 할 때는 운영위원회에서 확정한 예산의 범위에서 사용해야 한다.

   b. 관리기구가 징수권자를 대행하는 사용료는 징수권자의 고지금액을 자동이체, 채권자 계좌이체 또는 지로에 의해 지급하는 것을 원칙으로 한다.

⑧ 장기수선충당금의 사용절차 및 공시

   a. 관리기구가 장기수선계획에서 정하는 내용에 따라 장기수선충당금 사용계획서를 작성하고, 관리위원회의 의결과 집

행위원회의 집행 절차를 거쳐 사용하는 것을 말한다. 다만 공사입찰에 대해서는 정해진 절차를 따른다.

b. 다음 각 호의 1에 해당하는 경우에는 장기수선충당금을 수선유지비로 사용할 수 있다.

ⓐ 장기수선계획에 따라 수선공사할 시간적 여유가 없는 긴급 공사

ⓑ 장기수선계획에서 정하는 수선 예정시기 이전에 수선공사를 해야 할 부득이한 사유가 있는 경우에는 상세한 내용을 작성한다. 건축사법, 엔지니어링기술진흥법 또는 시설물 안전 관리에 관한 특별법에 의한 해당 분야 전문가 2인 이상이 조사의견서에 필요하다고 인정하는 수선공사여야 한다.

ⓒ 단열시공이 안 된 집합건물의 공용부분 또는 구분소유자 공유의 부대복리시설에 대해 단열공사를 하고자 하는 경우, 장기수선충당금 또는 관리비 중 수선유지에 드는 비용을 사용할 수 있다.

c. 장기수선충당금 사용계획서에는 다음 각 호의 사항이 포함되어야 한다.

- 수선공사(보수, 교체 및 개량을 말한다)의 명칭과 공사 내용
- 수선 대상시설에 관한 현황 사진
- 수선공사의 설계도서
- 수선공사의 수량 및 예정 금액
- 공사 발주방법

d. 관리기구가 장기수선계획 수립기준의 대상시설을 수선한 경우에는 다음 사항이 포함된 수선 현황을 작성하고, 보고·보관해야 한다.
- 수선 대상시설의 명칭
- 수선 내용
- 수선 일자
- 수선 수량 및 공사비
- 시공자의 주소 및 성명

e. 관리기구는 장기수선계획에서 정하는 수선예정시기 이전에 수선공사가 필요한 경우에는 제1항의 절차를 거쳐 사용한 후 그 결과를 구분소유자 등이 알 수 있도록 지체 없이 게시판과 홈페이지에 공시해야 한다.

⑨ 관리비 외 수입의 용도 및 사용절차

a. 관리비 외에 관리로 발생된 수입(예금이자, 연체료, 부과차익 및 부대시설의 사용료 등)은 당해 연도 '관리 외 수입'으로 회계 처리한다.

b. 제1항의 관리 외 수입은 예산이 책정되지 아니했거나 예측할 수 없는 지출에 충당하기 위해 예비비로 적립하는 경우 외에는 회계 연도가 종료 후 장기수선충당금으로 적립한다.

c. 당해 연도의 예비비는 전년도 관리비 부과 총액의 100분의 2를 초과할 수 없다.

d. 예비비를 사용하고자 할 때에는 집행위원회의 승인을 얻어야 하고, 사용 후에는 구분소유자 등이 알 수 있도록 공시

해야 한다.

　　e. 구분소유자 등이 버리는 쓰레기 중 분리수거해 재활용품으로 판매하는 수입금은 집행위원회의 의결에 따라 분리수거하는 자의 운영비로 사용할 수 있다.

⑩ 관리비 등의 연체료

　　a. 관리비 등을 기한 내에 납부하지 아니한 구분소유자 등에 대해 월 2%의 연체 이율을 적용한다(최고 연 24% 단리 이율 적용).

　　b. 3개월 이상 장기체납자에 대해서는 집행위원회에 그 결과를 보고하고, 집행위원회의 결의에 따라 관리기구는 전기, 수도, 가스 등의 공급중단을 할 수 있으며, 채권을 확보하기 위해 법적 조치를 취할 수 있다.

❶ 일반 관리비 항목(예시)

• 조직 및 인원 편성 :　　　명

구분	소장	경리	시설·영선	미화	보안 및 주차	계
인원(명)						

• 일반 관리비 총액(월간)

구 분	용역(위탁) 관리	비고
금액(원)	＿＿＿월	연＿＿＿

- 세부 내용 – 관리사무소(2명)

구 분	관리소장	경리주임	계
금액(원)			

- 보안(2명)

구 분	보안	계
금액(원)		

- 시설대리, 시설주임(2명)

구 분	시설대리	시설주임	계
금액(원)			

- 미화원

구 분	미화원(여 : 명)	미화원(남 : 명)	계
금액(원)			

❷ 전기료

- 전기는 24시간 공급함을 원칙으로 한다. 단, 사전 통보에 의한 고장 수리나 천재지변 및 긴급 상황이 발생했을 경우에는 예외로 한다.
- 공용부분의 전기를 사용하고자 할 경우, 사전에 관리기구의 승인을 얻은 후 사용해야 한다.
- 전기시설의 유지 관리 및 보수에 대한 책임관계는 변전실에서 각 층의 분전반까지의 1차측 및 분전반 2차측에서 각 입주자 점유부

분이고, 분전반 인입까지는 관리기구에서 관리하며, 점유부분의 분전반 및 시설물은 입주자의 책임으로 한다.

- 전기요금
  - 전기요금은 매월 사용하는 검침에 의해 부과하며, 검침 시 계량기 고장이 발견되면 최근 3개월간의 평균치를 사용량으로 인정 부과한다.
  - 전기사용료는 검침일 기준으로 1개월 단위로 부과한다.
  - 전기요금은 업무용으로 공급되며, 한국전력의 전기공급 약관에 따라 계약종별 변경을 할 경우에는 각 입주자 부담으로 해야 한다.
  - 계량기 고장 시에는 7일 이내에 입주자의 부담으로 교체해야 하며 미교체 시는 단전 및 2배의 요금을 부담한다.
  - 전력량 요금은 각 입주자의 개별 사용량에 따라 부과하고, 공동요금(승강기, 급배수펌프, 계단, 주차장 등)의 사용분은 입주자별 분양 면적에 비례해 부과한다.

전기 기본요금	공동 사용요금	개별 사용요금	전력기금	TV 수신료
분양 면적으로 부과				해당 세대 부과

수선유지비

❶ 수선유지비 항목

수선유지비	승강기 정기검사비
	가스 정기검사비

수선유지비	전기 정기검사
	E/L유지보수 관리비
	시설물 점검료
	시설물 정밀점검료
	물탱크청소비
	외부유리 및 외벽청소
	소방작동기능검사
	소방종합정밀검사
	개보수공사비
	시설보수, 수리비

관리 외 수익

관리 외 수익은 보통 단지에서 발생하는 수입이자, 연체료 수입, 주차비 수입, 잡수익 등을 말한다.

(1) 주차요금 징수 방법 및 처리
 ① 유료주차는 월 단위 금액을 정한다.
 ② 상근직 직원에 한해 무료주차를 지정한다.
 ③ 유료주차는 1개월 단위로 입주사의 신청을 받아 등록하며, 등록 신청 시 1개월분의 주차료를 선납해야 하고, 관리기구는 주차료를 매월 관리비에 포함 청구한다.
 ④ 시간주차는 최초 1시간 무료, 이후 10분 단위로 부과한다. 단, 입주사의 확인이 있는 방문고객은 60분 무료 시간을 추가한다.

⑤ 1일 최대 주차요금을 정한다.

⑥ 시간주차의 요금은 차량이 주차장에서 출차할 때 수납한다.

⑦ 당 건물의 보수 및 공공을 목적으로 하는 차량 등 관리기구에서 필요하다고 인정하는 경우에는 무료로 주차할 수 있다.

⑧ 주차 정산원의 임금은 주차수입금으로 처리한다.

최적의 관리 방안

건물 관리는 여러 사항이 복합되어 복잡한 양상을 보이므로 인재 육성, 법률제도 정비, 전문단체 구성이 필요하다. 건물을 최유효 이용하기 위해 건축설계 단계부터 관리 영역을 포함해야 하나 그러지 못해, 건물 수명이 조기에 단축되고, 관리비용도 높게 책정되어 입주사의 피해뿐만 아니라 공실률도 증가하고, 상권이 살지 못하면서 결국 부동산 시세가 동반 하락한다.

건물을 효율적으로 관리하기 위해서는 선량한 관리주의 임무를 수행할 수 있는 유능하고 풍부한 경험을 가진 관리자와 입주사(관리단)의 적극적인 참여로 관리규약 개정, 하자 관리, 장기수선계획 수립, 유지 관리에 필요한 운영기준 등을 마련한다. 또한 입주자 스스로 관련 법규를 준수하고, 관리자는 예산 사용의 투명성을 보장하기 위해 관리단 운영 사항을 홈페이지 게시판에 실시간으로 게시한다.

또한 건물을 효율적으로 관리하기 위해 입주사 불만사항을 청취 또는 서면으로 접수해 처리하고, 문화행사를 매개로 한 단지 내 상가활성화를 추진해 주변 단지와 의사소통을 강화한다. 입주사 간 정보공유로 시너지 효과 및 업종 간 윈윈 효과를 가져 올 수 있도록 지원센터의 역할을 강화해야 한다.

서비스 품질은 직원교육에서 좌우되므로 관리자의 전문적 관리능력 향상을 위해 노력하고, 에너지절약 연구, 시설 관리 운영계획과 평가 등 입주사 고객 감동을 위한 연구를 계속해나가야 한다. 현재, 이러한 문제점을 개인적인 노력으로 해결하기에는 비효율적이므로 건물관리단과 지원센터장 들은 자기가 맡고 있는 단지의 장단점을 분석해 관리기법을 개발하고, 입주사의 이해와 설득, 협조를 바탕으로 빌딩을 효율적으로 관리해야 한다.

PART
06

골목 시장 중소형 부동산 관리

실무자가 경험한 건물 관리

내가 처음 계약한 곳은 10개동 단지형 빌라였다. 빌라, 상가와 같은 건물 관리는 그 지역의 청소업체들이 관리를 하는 경우가 있다. 당연히 명함에는 '건물 종합 관리업체', '부동산 종합 관리업체', '건물시설 관리업체'라고 적혀 있지만 사실은 청소업체이다. 그런 곳은 요즘은 전산프로그램으로 그나마 많이 바뀌었지만, 아직도 주먹구구식으로 관리하는 곳이 꽤 많다. 한 예를 들면, 매월 관리비 5만 원이라고 적힌 관리업체 계좌번호가 적힌 A4용지를 건물 1층에 붙여 놓는다던지, 또는 대충 접어서 우편함에 넣는 경우도 있다.

입주자들은 알아야 한다. 관리비는 본인 건물의 통장에서 입출금이 생겨야 확실하게 관리가 된다는 사실을 말이다. 장기수선충당금이든, 수선충당금이든, 공사비든 이권이 관계될 수 있는 여지를 만들어서는 안 된다. 일부에서 관리단대표 또는 총무 등의 개인통장으로 관리를 하는 경우가 있는데, 이 또한 잘못된 관리방법이다. 우리가 알아야 할 것은 대형 아파트는 세대수가 많기 때문에 수천만 원씩 관리비를 걷는 것이지만, 임금 등 지출비용이 그 수천만 원의 대부분을 차지한다. 특정한 관리비 성격인 예치금, 충당금만 예외로 나머지는 모두 이익이 없다. 그래서 대형 아파트 관리업체들은 매출은 좋지만, 실제 수익은 별로 없는 것이다. 그러나 대형 아파트는 전국에 2만 개뿐이고, 우리가 살고 있고 관리하는 건물은 무려 14만 개에 천만 가구가 있다. 빌라 1동에 1세대 5만원, 한 달에 40만 원일 뿐인 관리비지만 수익률은 대형 아파트 몇 배에 달한다. 흔히 티끌 모아 태산이라고 생각하면 십 원, 백 원을 생각하는 것 같은데, 빌라 1동에서 매월 10만 원의 순수익이 나온다고 할 때 빌라가 몇 채나 되는지도 생각해볼 필요가 있다.

대형 아파트처럼 상주하는 관리도 아닌 일주일에 1번 또는 한 달에 한두 번 방문하는 빌라 관리업체의 수익률을 생각하면, 그야말로 블루오션인 것이다. 그렇기 때문에 가칭관리단이라고 하는 이웃사기꾼들이 돈을 요구해도 비전문업체 및 청소관리업체들은 그 정도 줘도 상관없다는 식인 것이다.

그러나 2020년부터는 빌라도 상가도 전문적으로 관리되어야 한다. 그래야 이웃사기꾼들이 사라질 수 있다. 나는 앞으로 관리단이 아닌 입주자에게 영업할 생각이다. 일부 관리단이 아닌 입주자 전원의 생각이 바뀌어야 안전하고 투명한 관리 문화가 이루어질 수 있기 때문이다. 그렇게 입주자와 관리업체 간 신뢰가 생기면 그들에게 소비자 중심의 전문서비스를 제공하고, 그에 따른 수익도 공유할 수 있어야 한다. 내가 먼저 정직하고, 내가 먼저 내어주지 않으면 소비자는 이전과 다름이 없을 것이고, 판매자 또한 이전처럼 소비자를 찾으러 다녀야 할 것이다.

중소형 건물의 관리

중소형 건물이란?

- 단지형 빌라
- 도시형 생활주택
- 주상복합(오피스텔)

- 나홀로아파트
- 종교 시설
- 지식산업센터
- 물류 창고
- 행정관서
- 승강기 설치 빌라
- 상가, 원룸

우리나라 국민의 70%가 공동주택에 거주하고 있다. 시설 관리 비용만도 연간 11조 6,000억 원에 이르는 등 공동주택 시설 관리의 중요성은 과거 어느 때보다 커지고 있다. 2만 개의 공동주택을 관리하기 위한 전문자격증은 아파트 등 공동주택의 경우 공동주택관리법이 적용되고, 이 중 의무관리 대상인 공동주택은 지방자치단체 등으로부터 강력한 감독을 받는다.

한편, 비의무관리 대상 공동주택인 오피스텔, 소형 아파트 등은 공동주택관리법의 의무 규정들이 적용되지 않고(공동주택관리법 중 일부만 적용), 공동주택관리법이 적용되지 않는 부분은 '집합건물의 소유 및 관리에 관한 법률(이하 집합건물법)'이 적용되어 민사소송을 통해 분쟁을 해결해야 한다. 집합건물법은 규정의 공백이 많고 지방자치단체의 감독 권한이 거의 없어 사실상 행정청에 의한 관리가 불가능하다. 따라서 문제가 발생 시 구분소유자들이 별도로 소송을 통해 구제를 받아야 한다. 공동주택 및 공용 내 각종 시설에 대한 체계적인 관리 미흡 등으로 건물의 자산 가치 하락 및 입주자의 분쟁과 다툼이 많아지는 추세이다.

⟨관리인, 관리단, 관리위원회 관계도⟩

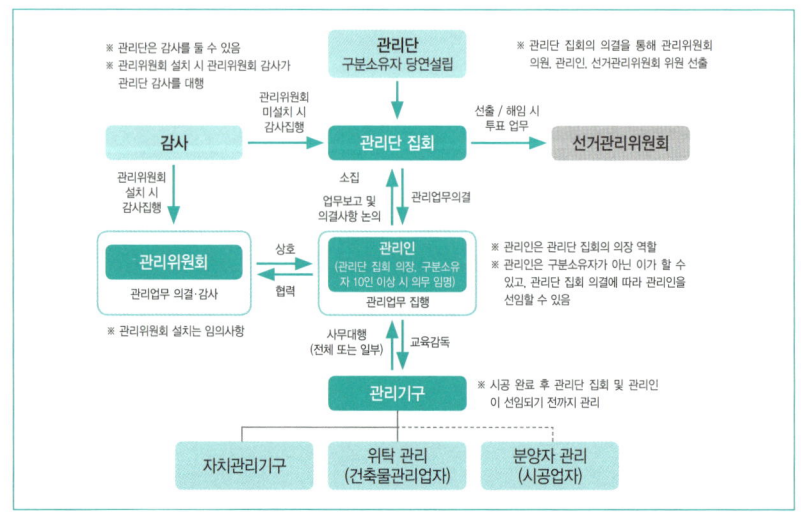

관리회사 및 관리소장의 업무 규정

구 주택법 제55조제2항제1의 나목 및 같은 조 제3항에 의하면, 관리소장은 '관리비 및 사용료의 징수와 공과금 등의 납부대행' 등 업무를 수행하도록 규정되어 있다. 관리 형식은 세 가지로 살펴볼 수 있다.

(1) 위탁 관리
자치회가 관리하지 않고, 관리업체 등에 위탁해 관리하는 방식(주택관리소장 파견 건물)

(2) 직접 관리
자치회가 직접 경비원, 점검업자 등을 고용해 관리하는 방식

(3) 혼합 관리
　① 건물 관리업무의 일부는 위탁하고 나머지는 자치회가 직접 관리하는 형태
　② '직접(자치) 관리 + 위탁 관리'의 장점만을 적용한 형태

관리비

관리비는 고지서로 발행되는 건물의 사용료를 말한다. 관리비에는 건물의 고정사용료로 매월 발생하는 일반 관리비와 전기, 수도, 난방 등 사용량에 따라 부과되는 징수비용이 있다. 일반적으로 건물의 일반 관리비는 정액제이고, 거기에 전기, 수도 등 실사용량을 실비정산으로 해당 월에 부과하는 방식을 취한다. 연간관리계획에 의한 장기수선충당금은 관리단의 상호협의에 따라 배분해 준비자금으로 갖추어야 한다.

❶ 관리비 부과 방식

직접(자치) 관리	실비정산제	정액제
입주자대표회의 또는 건축주 직접 관리	매월 실비사용료를 부과	계약된 고정금액 (수수료 포함 운영)
해당 관리인이 직접 안내	매월 사용한 각 세대 일반 관리비, 공동으로 사용한 공용 관리비로 부과함. 관리업체는 수수료만 부과	임대 관리 시 나타나는 관리방식 중 하나로 세대당 비용을 정해 계약하고, 정액제로 부과(단, 이럴 경우 전기, 난방, 수도는 각 세대 개별고지가 되어야 함)

❷ 관리비 상세 종류

구분	정액제	실비정산제	비고
정의	연간 관리비 예산을 월평균 배분해 세대당 관리비를 정액으로 부과하는 방식	매월 소요비용을 각 세대에 배분해 정산	정액제 + 실사용료 징수대행
장점	• 일반 관리비가 일정하므로 가계부담의 균형 유지 • 관리비 부과업무 용이	• 예산 한계가 분명하고, 예산 산출 용이	정액제의 부과내역을 명확히 해야 분쟁 가능성이 적어짐
단점	• 최저임금 및 물가변동에 따라 업체의 곤란 • 합당한 예산편성에 대한 입주자의 의혹 가능성(분쟁 가능성)	• 일정치 않은 관리비로 납부자의 가계지출 불균형 • 긴급비용 발생 시 별도 징수해야 하는 어려움 • 장기적 계획관리를 위한 자금 마련이 곤란	정액요금 외에 장기수선충당금 및 계획비용을 마련해 긴급 시 투자 비용을 확보해 놓아야 함

❸ 관리비 구성 항목

인건비	관리소	소장 : ○, 경리/총무/민원 : ○
	시설 관리	시설과장 : ○, 대리 : ○, 주임/기사 : ○(○인 1조 3교대 근무)
	경비/주차 관리	경비팀장 : ○, 경비원 : ○(○인 ○조 24시간 교대근무)
	청소 관리	미화팀장 : ○, 미화원 : ○(○개 층당 ○인)
	급여+제수당+식대+복리후생비+상여금+연차+퇴직금 등 포함	
수선유지비	승강기 정기검사비	승강기 및 E/S 정기검사비 : 2008년도 기준
	가스 정기검사비	도시가스사업법에 의한 검사료 : ○○원
	전기 정기검사	전기사업법에 의한 정기검사 ※ 3년 1회
	E/L유지보수 관리비	엘리베이터(승용 12대, 화물용 1대, 카리프트 ○○대)
	시설물정기점검료	시설물의 안전 관리에 관한 특별법 제6조제1호(연 2회 이상)
	시설물정밀점검료	시설물의 안전 관리에 관한 특별법 제6조제2호(3년 1회 이상)
	물탱크청소비	○○ton × 2회/연
	외부유리 및 외벽청소	외부유리 ○○줄×○○면 / 1인 일○○줄×○○원×1회

수선유지비	소방작동기능검사	소방법에 의한 작동기능점검 : 연 1회
	소방종합정밀검사	소방법에 의한 종합정밀점검 : 연 1회
	개보수공사비	설치 공사, 보수 공사, 조경관리비
	시설보수·수리비	시설물의 보수, 시설물의 수리, 관리용구 수리
보험료	화재보험료	화재로 인한 재해보상과 보험가입에 관한 법률 제5조제2항
	주차장 영업배상 책임보험	○○○○대(1사고 건당 5,000만 원 자기부담 10만 원)
소독비	소독(방역/구서)비	연 6회 실시(전염병예방법 시행령 제11조의2)
오물수거비	종량제봉투구입비	종량제봉투
	진개(오물수거료)	시 조례에 따라 부과(폐기물처리비, 쓰레기처리수고비)

❹ 관리비예치금의 정의

(1) 이전 주택법에 따른 정의

건물의 공용 관리와 운영을 위한 자본금 성격을 가지고 있고, 건물 관리의 연속성을 보장받을 수 있는 예비관리비를 관리비예치금이라고 한다. 분양을 받아 최초로 입주할 때, 공용부분의 관리 및 운영에 필요한 비용을 마련하기 위해 소유자가 부담하는 금액으로 선수관리비라고도 한다. 분양 계약 시 소유자가 부담하고, 매도 시 매수인에게 돌려받을 수 있다. 단, 세입자는 해당 사항이 없고, 세대수와 평형에 따라 금액은 달라진다. 보통 10~30만 원쯤이다.

(2) 공동주택관리법에 따른 정의

공동주택관리법 시행령 제24조(관리비예치금 일반)

① 관리주체는 해당 공동주택의 공용부분의 관리 및 운영 등에 필요한 경비(이하 '관리비예치금'이라 한다)를 공동주택의 소유자로부터

징수할 수 있다.

② 관리주체는 소유자가 공동주택의 소유권을 상실한 경우에는 제1항에 따라 징수한 관리비예치금을 반환해야 한다. 다만, 소유자가 관리비·사용료 및 장기수선충당금 등을 미납한 때에는 관리비예치금에서 정산한 후 그 잔액을 반환할 수 있다.

③ 관리비예치금의 징수·관리 및 운영 등에 필요한 사항은 대통령령으로 정한다.

(3) 관리비예치금의 징수

주택법 시행령 제49조(사업주체의 관리)

① 사업주체는 법 제43조제1항의 규정에 의해 입주예정자 과반수가 입주할 때까지 공동주택을 직접 관리하는 경우에는 입주예정자와 관리계약을 체결해야 하며, 그 관리계약에 의해 당해 공동주택의 공용부분의 관리 및 운영 등에 필요한 비용(이하 '관리비예치금'이라 한다)을 징수할 수 있다(공동주택관리법 시행령 제24조(신축)).

② 사업주체는 법 제43조제1항에 따라 입주예정자의 과반수가 입주한 사실을 통지하는 때에는 통지서에 다음 각 호의 사항을 기재해 통지해야 한다(개정 2007. 3. 16).

- 총입주예정 세대수 및 총입주 세대수, 동별 입주예정 세대수 및 동별 입주 세대수
- 공동주택의 관리방법에 관한 결정의 요구
- 사업주체의 성명과 주소(법인인 경우에는 명칭과 소재지를 말한다)

※ 공동주택관리법은 2016년 8월 11일 제정, 8월 12일 시행되었다. 주택법 시행령은 대통령령 제27444호에 따라 2016년 8월 11일 전부 개정되었다. 공동주택관리법 제24조와 공동주택법 시행령 제24조는 같은 내용이나 시기가 틀리다(구옥·신축). 공동주택관리법 제24조의 경우는 구옥으로서 관리를 받고 있는 상황이고, 관리주체(관리업체)가 긴급보수 등 미납관리 운영비 및 공사자금을 위해 보증금 성격으로 소유자에게 관리비예치금을 징수하는 성격이다. 공동주택관리법 시행령 제24조의 경우, 신축으로 사업주체(시행사, 시공사, 분양사)가 입주예정자 수의 과반수 이상이 입주할 때까지 공용부분(경비 인건비, 4대 안전 관리비용, 공동전기, 수도료 등)에서 매월 발생되는 공용유지비용을 분양계약 시 관리계약에 따라 부과해 공용 관리 유지를 하게 된다. 이때 신축 관리비예치금은 소멸성 성격을 가지고, 법적으로 공용부분에 대한 비용은 실제 사용자(입주자)에게 징수하게 되어 있다. 늦게 분양받아 들어온 사람이라 할지라도 사용 의사와는 상관없이 무조건 내야 하는 비용이다. 예를 들어, 매달 공용부분의 관리비용이 1,000만 원이 발생할 경우 분양률이 낮아 첫 달 입주자가 5세대라고 가정한다면 5세대가 200만 원씩 나눠내야 한다는 것은 상식적으로 불가능한 일이기 때문에 공동주택관리법 시행령으로 구법 주택법 시행령 제49조에 따라 운영된다.

(4) 관리비예치금의 인수인계 및 반환

관리주체(관리사무소)는 매매 시 관리비예치금을 매도인에게 반환하고, 새로 들어온 매수인에게 관리비예치금을 받는 역할을 한다(다만, 관리주체는 매도자가 관리비, 장기수선충당금 등을 미납한 경우 관리비예치금에서 차감한 금액을 반환한다). 또한, 관리주체는 재건축 등의 사유로 해산할 경우 소유자에게 관리비예치금을 반환해야 하는데, 이는 구옥에 한해서다. 관리비예치금의 소멸시효 기간은 민법에 따라 3년이다. 관리비예치금은 대형 아파트 등 상시 관리소장과 관리사무소가 있다면 중간에서 알아서 정산해주지만, 그렇지 못한 중소형 건물들은 매매 시 매수인에게 받아야 하는데, 대부분 매매 시 이것을 기억하지 못할 뿐더러 받는 경우도 거의 없다.

건물의 안전 관리

안전 관리자는 건물의 상주인력이나, 입주자대표 임원들이 맡는 경우가 많다.

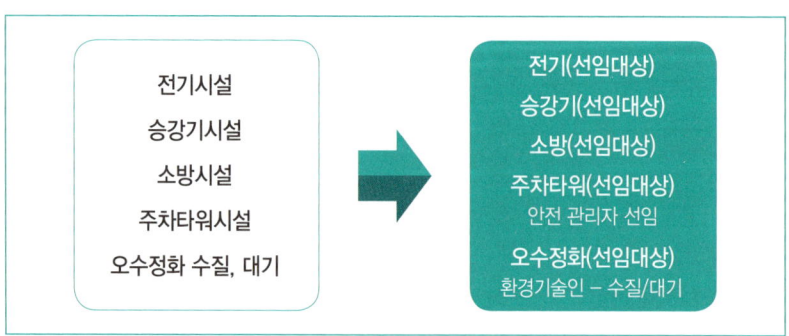

〈안전 관리자 법정 선임〉

〈소방, 기계주차, 승강기, 전기 등의 건물 안전 관리〉

유지보수업체 계약

유지보수업체와의 계약은 일반 계약과 종합 계약으로 나뉜다. 먼저, 일반 계약의 경우 월 보수가 낮고, 업체 변경이 용이하다는 장점이 있다. 신축 5년 이전의 건물 계약이 적절하다. 업무로는 예방점검과 일반 업무가 있고, 수리비용은 입주자가 부담한다.

유지보수업체와 종합 계약을 할 경우는 보수가 일반 계약보다 비싸지만, 예산계획이 용이하고, 예방정비가 철저하며 수리기간이 짧고, 책임한계가 명확하다는 장점이 있다. 5년 이상된 건물에 적합하다. 단, 대단지 아파트 및 대형 집합건물에는 상주근무자가 적용된다.

관리자 업무 현황

관리업체

① 월 정기 순회 관리 : 시설점검과 작동확인/ 위생정결 상태확인/ 인력업무 상태확인

② 관리소 산하인력 평가 : 사용자의 지시 및 관리대행 관리소 업무일지 / 산하인력 업무평가/ 긴급 시 비상매뉴얼 교육과 관리

③ 관리인과의 의견수립 : 민원 접수와 처리/ 하자보수와 고장 보고/ 보수 시 감리/ 사용자의 지시 및 근로자의 업무 중간 보고

관리과장

① 일 정기 순회 관리
② 주차 및 미화 인력 관리
③ 4대업체 및 방문자 확인
④ 입주민 민원 관리 및 관리소 보고
⑤ 비상 시 선조치 후보고

- 설비 작동점검 : 소방 펌프실/ 물탱크 수위점검/ 집수정 작동여부/ 발전기실 작동여부 및 기계설비 특이사항 점검
- 4대 업체 점검 관리 : 월 정기 및 검사 시 점검표 관리/ 비상매뉴얼 교육 관리/ 입주민 민원접수 및 처리와 방문자 관리/ 일일 업무일지 작성(월말 본사에 보고)/ 점검일지 작성/ 비상일지 고장 및 처리 작성/ 인력 업무일지 작성/ 구매품의서 작성/ 지출결의서 작성

경비와 미화, 관리자의 간단 업무

❶ 경비

- 분리수거장 정리 및 정돈
- 건물 환경점검 : 옥상 배수구 점검 및 특이사항, 집수정 작동유무 확인(출근과 저녁, 일 2회)
- 지상, 지하, 외부 배수구 및 위생 상태 확인
- 우편함 등 불법광고물 확인 및 제거, 상습업체 확인 및 작성 보고

- 출근 시 작동상태 확인 : 승강기 작동 및 버튼 등 고장점검, 주차타워 작동 및 버튼 가동여부 확인, 타워 입고 가능한 차량 확인 및 작성
- 택배 관리 및 방문자 확인(일지작성)

② 미화
- 옥상 배수구 거름망 청소
- 계단 및 복도 청소
- 승강기 안 거울 및 벽면 청소
- 1층 공동현관 및 벽면 청소
- 1층 및 지하주차장 쓰레기 정리
- 우편함 청소(걸레질)
- 창문 및 창틀, 계단 난간 청소
- 공용건물의 위생과 청결 관리
  ※ 특이사항 : 주 5일은 공용 청소이고, 매주 토요일 또는 일요일 근무자는 상가 화장실 외 1층의 공용위생 관리만 한다.

③ 4대 업체
- 전기
  - 전기검침
  - 정기점검(주 1회), 안전점검(연 1회)
  - 점검내용 및 특이사항 관리인 및 관리소 보고
  - 특이사항 발생 시 비상출동업무(24시)
  - 안전 관리자 선임대행 및 연간 검사대행

- 비용은 건물 사용자 부담
- 승강기
  - 정기점검(월 1회)
  - 점검내용 및 특이사항 관리소 보고
  - 오작동 및 고장 시 비상출동업무(24시)
  - 안전 관리자 선임대행 및 연간 검사대행
  - 비용은 건물사용자 부담
- 소방
  - 정기점검(월 1회)
  - 점검내용 및 특이사항 관리소 보고
  - 오작동 및 고장 시 비상출동업무(24시)
  - 안전 관리자 선임대행 및 연간 검사대행
  - 비용은 건물사용자 부담
- 주차타워·카리프트
  - 정기점검(월 1회)
  - 점검내용 및 특이사항 관리소 보고
  - 오작동 및 고장 시 비상출동업무(24시)
  - 안전 관리자 선임대행 및 연간 검사대행
  - 비용은 건물사용자 부담

〈시설 관리 견적서 예시 및 고지서 부과내역〉

NO	구분	관리비 항목	금액	세대수	세대별 관리비	특이사항
1	법정 점검 비용	전기안전 : ○○kwt	380,000	150	2,533	긴급, 정기 점검
		소방안전 : ○○m²	350,000	150	2,333	긴급, 정기 점검
		엘리베이터 점검비용	350,000	150	2,333	긴급, 정기 점검
		주차타워 : ○○대	1,550,000	150	10,333	긴급, 정기 점검
		주차리프트 : ○○대	100,000	150	667	긴급, 정기 점검
2	공용 관리 징수	관리소장		150	0	
		경비소장1인	2,150,000	150	14,333	택배 수령, 순찰 업무
		정기검침	500,000	150	3,333	전세대 검침
		정기점검	500,000	150	3,333	공용정기점검
		전산관리	450,000	150	3,000	전산, 회계, 부과
3	미화	건물청소업체		150	0	
		청소미화원	800,000	150	5,333	주5일 (오전)일 2시간
		분리수거원	100,000	150	667	주5일 (오전)분리수거
		음식물스티커		150	0	
4	소독	법정 소독 기준		150	0	분기별 소독 의무 (2개월 1회)
		기본 월정 총액	7,230,000	150	48,200	정액제 일반관리비 산정
5	징수 대행	화재보험료		150	0	책정 비용 세대부과
		물탱크 수질검사료		150	0	
		물탱크 청소류		150	0	
		정화조 청소료		150	0	
6	공동 요금	케이블TV		150	0	
		공동전기		150	0	
		공동수도		150	0	
		수선유지비		150	0	
7	정기 검사	승강기 안전점검(1년 1회)		150	0	
		기계주차 안전점검(2년 1회)		150	0	
		전기 안전검사(2년 1회)		150	0	
8		선수관리비(예치금)	신축적용 – 사업주체 공용관리비			주택법시행령 49조
		합계	0		0	
		총합계	7,230,000		48,200	

비고
- ♣ 법정 소독 기준 → 4월~9월 3회/ 10월~3월 1회/ 연 4회 의무 규정
- ♣ 물탱크 수질검사 5000m² 이상 연 2회 의무 규정, 정화조 청소 연 1~2회 규정
- ♣ 관리비통장은 입주자대표회의 발행 통장이고, 관리업체는 공용에 대한 징수를 대행한다.
- ♣ 도시가스, 세대의 전기와 수도, 공동전기와 수도는 관리비예상금액에 미포함

〈인력의 기본업무〉

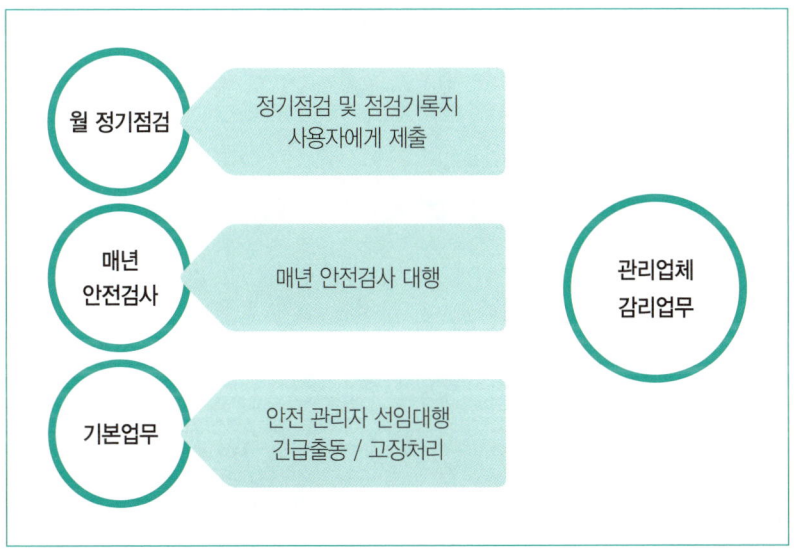

시설 관리 운영의 중요사항

정액제 종합위탁 관리 시에는 모든 관리, 노무, 수납 등의 책임을 관리업체가 지고, 계약된 정액 관리비로 운영한다. 정액제 관리가 아닐 시에는 월 정기, 순회 점검과 검침, 부과, 업무의 모든 지출비용은 자동이체하도록 안내한다. 수납 지출 미납은 사용자 관리이고, 미납 발생 시 수납독려를 돕는다. 지출방식은 부과 후 5일 이후 〉 관리수수료 자동이체 〉 10일 이후 공용사용 〉 안전 관리 순서로 자동이체한다.

고지서 부과는 전산팀이 직접 관리하고, 미수납 정리 및 매월 부과 특이사항은 건물 관리자와 전산원의 일대일 확인하에 부과 처리한다. 수납 관리는 입주자대표 및 임원이 하고, 미납 및 당월 부과 특이사항은 말일까지 전송한다.

(1) 오피스텔 건물 확인 및 조치

오피스텔과 주택은 세금의 차이가 크다. 관할 시군구청에 방문해서 주거용 오피스텔로 신고해야 주택만큼 세금이 낮아진다. 단, 본래 오피스텔은 1가구 2주택 적용이 안 된다.

(2) 상수도 가구분할 신고

오피스텔은 기본 사용량 이후 사용하는 과비용에 대해 기본료가 상당히 세다. 그래서 세대가 전입 후 해당 동사무소에서 '상수도 가구분할'을 신청하면 세대수도료가 적게 나올 수 있다.

(3) 비영리법인 신청

건물의 회계, 관리비 등 통장을 관리하기 위한 기본 사항이다. 입주자 동의서, 관리규약, 신청서를 세무서에 신청해서 '비영리법인' 고유번호를 부여받아 통장을 운영하면 된다.

(4) 견적서 제출 1일 전까지 확인사항
  ① 4대 안전업체 견적 요청 : 승강기/소방/기계주차/전기/차량리프트
  ② 경비, 미화원 : 노동법 기준(인력 알선업체 견적 요청)
  ③ 소독, 물탱크, 정화조 : 해당 업체
  ④ 전산대행료, 도급수수료 : 종합 관리업체 및 관리자
  ⑤ 신축일 경우 선수관리비(최초) : 금액 및 안내문 공지

(5) 건물의 공용 관리비 산출

해당 건물의 주소, 건물명을 안전 관리 하청업체에게 주고 견적을 받는다. 승강기 점검, 기계주차 점검, 주차리프트 점검과 같은 기계설비는 준공 시 보증기간을 확인해 보증기간 이전에는 일반계약, 보증기간 이후에는 종합계약을 한다.

(6) 아래 업체들은 건물과의 계약사항에 따라 발생시점 부과 또는 매월 부과를 확인해 계약한다. 또한 관리단 요청에 따른 계약을 우선한다.
  ① 소독업체, 정화조청소업체, 물탱크청소업체, 화재보험, 장기수선비
  ② 연 1회 법정안전검사비용
  예 매년 2회 물탱크의 청소비용이 50만 원일 경우 '50만 원÷12개월÷세대수'로 계산한 금액을 매월 부과하거나, 물탱크를 청소하는 해당 월에만 '50만 원÷세대수'로 계산한 금액을 부과한다.

(7) 인력의 계약 주체는 관리단 즉 입주자대표이며, 인력 알선대행은 인력업체를 통해 임금 및 업무를 주선하고, 인력 계약은 인력업체 또는 입주자대표가 하게 한다. 노동법을 준수하도록 안내하고, 최저임금, 퇴직금, 연차 등을 보장하도록 한다. 인력에는 주택관리소장, 경비원, 청소원, 분리수거인 등이 해당된다.

(8) 오피스텔의 전기와 수도 검침비용은 매월 하루 기준을 산정해, 창업자가 알아서 산정한다(전기검침 – 전기업체, 수도검침 – 창업자).

(9) 일반 관리비 중 업무 비용
 ① 전산 비용 : 전산팀 비용
 ② 안전 관리 선임은 안전 관리업체에 맡기거나 입주자대표에게 맡긴다.
 ③ 도급 관리 비용은 세대당 7,000~15,000원대로 창업자가 정한다(세대수 대비).

중소형 일반 건물 관리 계약

전산팀에서 요청하는 자료는 필수적으로 업데이트한다.

- 건물 정보(OP/주택/상가/평수 = 호실별 분류 등록)
- 입주자 정보, 호실, 소유주, 임차인, 연락처, 입주일, 차량
- 전기, 수도 검침 내역
- 한전전기, 상수도 미납 내역
- 관리비 부과 및 미납 내역 등

전산팀의 관리사항

전산팀에 직접 연락한 세대에 한해서다. 창업자가 직접 관리 시 매월 말일까지 백업은 필수인 책임사항이다.

- 중퇴실 관리와 중간정산(고지서)
- 세대 정기검침 등록과 오류값 확인(최초 오차값 기준)

- 수납 등록(납기일 1일 이후 기준)
- 월 부과 및 부과자료 확인
- 고지서 부과
- 체납 관리

창업자의 관리 업무 준비 시 필수사항

- 서류 〈관리 게시 전까지 확인〉이 중요하다.
- 건축대장(민원24), 건물정보(OP, 주택, 평수)를 관계자에 요청, 도면 확보(구청)
- 입주자 정보(호수, 소유주, 임차인 성명, 연락처, 입주일, 차량 등록 등)
- 전기, 수도 검침 내역(신축건물은 검침일자를 확인해 최초 검침등록 파악)
- 한전전기, 상수도 미납 내역(관계기관에 요청)
- 관리비 부과 및 미납 내역(관계인에게 요청)

관리 게시 전까지 확인할 사항!
- 4대 안전점검업체 계약(계약사항 및 견적금액 맞는지 확인)
- 4대 안전 관리 선임대상 확인 및 선임(소방, 전기, 승강기, 타워) : 4대 업체에 확인
- 청소(중요) : 견적 시 협의한 인원 및 업체(계약사항 및 업무 확인)
- 경비원의 계약사항 및 업무
- 고지서 부과일
- 전기, 수도, 검침일
- 안내문 확인(관리내용 및 전산팀 연락처)

기존업체와 인수인계 절차

다음 관련 내용이 담긴 서류나 정보를 요청한다.

- 입주자 현황 정보(전산프로그램 오픈 요청), 선수관리비(예치금) 현황, 4대 안전 관리 선임 현황
- 4대 안전업체 정보, 관리비 부과 정보, 관리비 미납 정보
- 공용상수도 미납 정보, 공용한전요금 미납 정보 → 제공하지 않을 경우 해당 사업소에 미납금 확인 요청
- 고지서 각 1장씩(한전, 상수도), 기존 검침 자료
- 연 1회 법정점검 정보(소독, 정화조, 물탱크, 승강기 검사일 등)
- 4대 안전 결재 현황, 기타 공과금 현황
- 월별 관리 사항
- 검침(전기, 수도), 공용정기점검 1회, 미화와 경비의 업무 현황 파악과 단속을 대행, 특이사항 확인, 이사 정산(창업자, 전산팀), 중퇴실 관리(검침 및 중간정산)

〈건물 관리업무 – 기본 매뉴얼〉

- 아파트 관리비 부과
- 법정 안전점검 확인
- 공용 관리 : 미화, 경비, 보안
- 반상회 결과 안내문 게시 공고
- 공용점검 및 공용 공사업체 접수
- 관리단 집회 절차 및 소집 구성
- 건물 관리 현황(진단) 파악

관리비 부과는 한전 고지 부과일 기준으로 통일한다. 전기와 수도 검침을 통해 세대별 사용료를 일반 관리비로 부과하고, 공사비 및 공용관리비를 공평하게 안분부과한다. 고압 현장의 전기검침은 신규 계약 시 한전에 검침 현황과 검침일자, 납부일자를 확인한다. 한전 세대계량기 검침은 직접 또는 전기점검업체에 맡겨서 매월 검침한다. 전기점검업체는 한전에 검침내역을 매월 발송하고, 한전은 검침내역을 정리 관리자에게 발송해준다(한전 문의). 수신한 자료로 전산데이터(전산팀) 입력 후 고지서를 발송한다.

한전 종합계약을 하면 검침원의 검침자료를 토대로 한전에서 세대사용량을 계산해서 전산팀에 보내주기 때문에 전산팀과 한전에 체크한다. 한전 미계약 건물의 경우 검침원이 검침한 세대검침량을 관리실에서 안분부과한다. 전월과 당월 검침기록을 확인하는 것이 중요하다(계량기 고장 확인).

수도의 경우 신규계약 시 상수도회사에 검침유무, 검침일자, 부과일자를 확인한다. 오피스텔의 수도검침은 건물 관리자 또는 경비원이 한다. 매월 검침일에 맞춰 각 세대의 수도계량기를 검침하고, 검침자료를 토대로 관리실에서 안분부과한다. 전월과 당월 검침기록을 확인하는 것이 중요하다(계량기 고장 확인).

※ 계량기가 고장 났다면?

개인 세대는 개인이 보수하고, 공용계량기는 계약자 및 관리단의 승인하에 공사하고 비용을 부과한다. 법적 하자기준으로 신축은 2년이 지만, 통상 1년 미만 건물은 시공사에서, 1년 이후 건물은 세대주가

고친다. 하자발생 시 세대주가 건축주에게 요청한다.

※ **사용량 대비 과한 사용요금 등 불만으로 입주자의 계량기 점검 요청이 있다면?**

① 최근 3개월 이내 월별 사용량을 점검, 계량기 고장 유무를 민원인에게 알려준다.

② 금액 편차가 동일하면 고장이 아니다. 단, 갑자기 늘었다면 누수를 확인하도록 세대주에게 요청한다.

③ 계량기 고장이 아닌데도 불구하고 사용량에 계속 불만을 표시하는 입주자가 있을 시, 함께 방문해 직접 물을 틀어보며 확인한다.

안전 관리 대행업체 일반 창업자 확인사항

승강기 확인사항

승강기협회에 건물 담당자로 직접 등록(필수), 안전 관리자 선임대행(필수), 비상통화장치 확인, 승강기 내부 비상통화장치 확인, 위아래에 업체 연락처 게시 유무 확인, 승강기검사필증 플라스틱 케이스 확인

소방 확인사항

방재업체 견적 문의 시 소방대상 1급·특급대상물 자격 확인, 안전 관리자 선임(필수), 소방 오작동 시 대처방법 게시(필수), 복도와 계단 적치물 소방과태료 안내문 게시(필수), 관리단으로 소방대원 조직 및 화재나 오작동 시 교육(필수), 방재실 수신기함에 비상연락망 게시 확인

전기 확인사항

전기점검업체 견적 문의 시 고압 검침유무 확인, 안전 관리자 선임 확인, 각 층별 계량기 위치 및 단전 위치 확인

기계주차(리프트) 확인사항

비상통화장치 확인, 비상통화장치 및 입구게시판에 비상연락망 확인, 안전 관리자 선임 확인

※ 비상연락망은 해당 점검기기 위치에 부착되어 있어야 한다. 안전 관리자 선임 및 교육은 필수사항으로 과태료 부과 대상이다. 협회 또는 소방서의 지적 사항은 설치업체 및 보수업체 관계인에게 처리일정을 확실히 공지하고, 공사 여부를 확인한다(과태료 부과 대상임).

공용 관리의 기본

미화, 경비, 보안의 인력 및 업체 계약과 관리는 입주자대표 및 관리단이 주체이지만, 인력의 알선대행 및 단속대행 업무를 할 수 있다.

① 미화 : 청소 관리자의 확인란 및 연락처 게시(필수), 공용청소는 반드시 확인, 분리수거의 경우 관리비 비용이 발생하더라도 반드시 체크
② 경비원 : 20~75세 미만, 분리수거 일 2회, 택배 관리, 공용배수구 청소, 그 외 시설의 점검, 수도검침, 공용배관 직수라인 인계하고 위급 시 잠금
③ 보안 : 관리단에게 작동 방법 안내, CCTV 비밀번호 확인, 작동 방법 확인, 범죄 발생 시 확인

공용시설 점검

① 매월 정기점검 일자를 정해 점검
② 점검 항목 : 옥상~지하 층간 누수, 공용배관 누수, 균열, 배수구 확인, 물탱크 수위 확인, 집수정 펌프 작동 여부, 소방부스터 펌프 작동 여부, 소방 펌프 경유 확인
③ 공용시설 점검 시 : 사진으로 촬영해 카톡 등에 증거를 남겨 점검사항 보고
④ 누수, 균열, 동파 등 공용하자 발생 시 : 관리단 및 입주자에게 보고해 보수를 요청, 보수 요청 시 카톡 등 증거를 남겨 요청

공용공사 발생 시 기본 매뉴얼

① 공용배관이 터지면 해당 라인 직수관을 잠그고 관리단에 통보 후 인근 업체에 보수요청
② 공용배수관이 터지면 해당 라인 고층 입주자에게 사용 자제를 안내 후 관리단에 통보하고 인근 설비업체를 연결
③ 해당 건물의 긴급한 공용하자를 대비해 사업주체의 시공팀을 제외한 인근 설비업체 비상연락망을 상시 준비(배관설비업체, 물탱크 청소 및 보수업체, 소방설비업체, 전기설비업체, 방수설비업체, 집수정 모터 판매 및 보수업체)

④ 공용하자 발생 시 관리계약을 맺은 계약자에게 통보하고, 관련 보수업체를 통한 견적서를 계약자에게 안내해 보수 진행
⑤ 공용하자 발생 시 장기수선충당금이 있을 경우 보수를 하지만, 장기수선충당금이 없을 경우 충분히 안내문을 게시한 후 해당 월에 공통관리비로 전 세대 공통부과
⑥ 모든 긴급한 공사는 관리단의 승인을 받은 후 선조치 또는 창업자의 판단하에 선조치 후 전체 입주자에게 공고 안내

※ 긴급한 공사란 누수, 균열, 처짐, 화재 등 그로 인해 물적 피해와 인적 피해가 크게 예상되는 경우에 해당한다. 단, 긴급하고 중대한 공사가 아닐 시 필요한 공사는 관리단의 승인을 통해 진행한다. 모든 공용공사 및 공용 관리에 필요한 청소 등이 발생할 시, 창업자는 단속 점검을 하고, 긴급하자 발생 시 특별점검을 해 선조치 및 보수업체에 접수와 견적 등을 매칭해야 한다.

일반 건물 관리자 하자보수 접수 매뉴얼

공용하자 접수방법

① 건설사 담당자에게 일괄 서류 접수하고, 문자로 하자 이미지, 위치 및 유형 등 진행 상황을 작성해 관계인 또는 관리단에 보낸다.
   - **예** '사진, 위치, 확인된 것처럼 누수 중입니다. 공사 시 사전에 연락주시기 바랍니다'라고 문자한 후 통화로 재접수한다.

② 보수공사 시 단속점검을 해 공사완료를 확인한다. 공사의 진행 및 완료 사진을 첨부해 계약자 및 관리단에게 보고한다.

③ 관리단의 요청에도 하자담보책임기간이 있는 사업주체의 하자보수 불이행 시에는 관련 내용을 계약자 및 관리단에게 보고한 후 향후 진행사항을 의논한다.

④ 문제 해결이 안 될 시 하자보증 청구소송 또는 진단 등의 도움을 받는다.

세대하자 접수방법

세대별 하자는 개인이 접수함을 원칙으로 한다.

① 세대는 직접 보수함을 원칙으로 하나, 하자 기간이 남아 있을 시 분양사 및 시공사에 직접 접수한다.

② 단, 누수나 누전 등 긴급한 하자 발생 시 창업자가 접수를 대신할 수 있다.

③ 창업자는 긴급한 세대하자 접수 시 공용접수와 같게 접수하고, 하자 리스트로 관리하며, 시공사 또는 세대주를 통해 완료를 확인한다.

④ 하자 관련 내용증명 발송 시 15일 이내 보수 계획 및 완료를 요청한다.

⑤ 창업자는 공용 관리를 우선하고, 세대하자 및 관리는 해당 입주자가 해야 한다. 단, 창업자는 입주자의 요청 시 인근 설비업체 연락처 등을 알려줄 수 있다.

하자 발생 시 매뉴얼

① 공용하자 발생 시 창업자는 관리단에게 하자유형을 안내한다.

② 관리단 임원에게 해당 하자에 대해 자세히 안내하고, 공사 진행 여부를 확인한다.

③ 공사업체에게 견적서를 요청한 후, 관리단과 함께 상의한다. 계약 시 사업자등록증, 하자증권 발행 유무, AS기간 등이 명시되어 있는지 계약서를 확인한다. 계약은 관리단이 한다.

④ 공사업체에게 공사 시 진행사항 보고와 사진 첨부를 요청한다.

⑤ 공사 시에는 단속점검을 통해 사진자료를 첨부하고, 완료 시 관리단에게 안내한다.

⑥ 공사완료 시 계약사본 및 공사 A/S기간을 관리한다.

관리단 집회 절차 및 소집 방법

(1) 신축분양일 경우 50% 이상 구분등기 시 1차 총회 소집을 요청하고, 등기상 구분소유주에게 우편 발송한다. 또는 안내문으로 게시 공고한다.

(2) 우편 발송 시 구체적인 안건, 집회 장소, 일정과 시간 등을 자세히 안내한다(관리단 구성 및 관리규약 제정, 공용공사 등은 무조건 소집을 통해 과반수 의결로써 결정한다).

(3) 총회 소집 당일의 절차
    ① 안건에 대한 회의록 작성
    ② 회의에 대한 동의서 작성
    ③ 과반수 이상의 의결 통과

※ 다주택자 및 다수 상가 보유자라 할지라도 의결권은 1표로 한다.

④ 관리단 구성 : 과반수 의결을 통한 동대표 및 임원 구성을 관리단 구성이라 한다.
⑤ 시행사와 계약했다고 할지라도, 관리단대표와 재계약을 체결한다.

무인(혼합) 관리 안내문 예시

이 건물은 종합 관리 ○○○○의 무인 관리 운영 건물로 매월 정기순회 관리와 검침, 공용시설 점검을 하며, 긴급 시 각 공용시설 점검자가 신속히 출동해 업무를 봅니다. 통합관리시스템으로 시설관리부터 민원처리에 이르기까지 '원스톱' 관리를 하고 있습니다.

고지서

(1) 150세대의 일반 관리비는 '소방, 전기, 승강기, 기계타워'의 4대안전 법정비용과 미화, 경비, 관리비 등을 포함해서 세대당 3만 원입니다. 첫 달은 관리비예치금이 20만 원 부과됩니다. 공동주택관리법 시행령 제24조를 근거로 신축건물 최초 선납금으로 한 번만 부과하며, 입주 전 발생하는 관리비용으로 사용됩니다. 이 비용은 추후 매매 시 매수인에게 환급받으

시기 바랍니다.

(2) 소독, 정화조 청소, 물탱크 청소는 책정한 가격으로 고지하며, 공용수도, 세대수도세, 공용전기, 세대전기세는 한전과 상수도 고지서 검침을 기준으로 부과하고 있습니다. 문의 사항은 한전 123번, 상수도 120번(지역번호+120)으로 연락주십시오. 신축 오피스텔은 입주 시 최초 3개월 동안은 수도세가 많이 나올 수 있습니다. 오피스일 경우 '상수도 가구분할' 전이라면 더욱 그러실 수 있습니다. 오해 없으시길 바랍니다.

- 공동주택 법정소독 기준 2,000㎡ 이상 건축물 및 복합건축물의 경우 4~9월 3회, 10~3월 1회, 연 4회 의무규정
- 물탱크 청소 5000㎡ 이상 연 2회 의무규정
- 정화조 청소 연 1~2회(입주시점부터)
- 최저시급 8,590원 : 경비원 기본급 1,795,310원, 연봉 21,543,720원 (2020년 기준)

민원 접수

(1) 하자 접수의 경우 누수, 전기, 실링 등은 건설사에서 당일 보수해드리고, 마감 불량은 공정별 일괄공사로 1~2차로 공사 요청 진행하겠습니다. 신청은 평일 오전 9시~오후 6시까지입니다. 일과 이후 '긴급한 하자' 발생 시 선문자 후 연락주시면 빠른 대응을 받으실 수 있습니다. 배수 불량은 접수하시기 전에 머리카락 등 이물질을 꼭 확인한 후 신청해주십시오. 세면대나 베란다 등이 막혔을 수 있습니다.

(2) 공용하자 접수는 비상연락망을 확인하신 후, 각 관리자에게 연락바랍니다. 공용공간 미화 불량, 승강기, 소방, 전기, 기계주차 관련 민원사항, 경비소장 불만 등 건물의 공용 개선 사항을 연락주시면 신속하게 처리해드리겠습니다.

〈민원 접수 안내〉

평일	월 ~ 금요일 (공휴일 제외)
상담 시간	오전 9시 ~ 오후 6시
관리 문의	-
관리 팀장	-
관리 차장	-

- 화재 시 : 119 소방서
- 승강기 고장 시 : 승강기 내 비상벨 및 비상연락망 참조
- 소방벨 오작동 시 : 소방 수신기에 있는 스티커 순서대로 누름

 (경비원이 없을 시, 입주자대표 및 임원 교육)

한눈에 보는 수익형 건물의 관리 노하우

신축분양 건물 관리

건물 관리는 구옥과 신축의 관리가 다르게 진행된다. 구옥 같은 경우 기존 관리업무의 인수인계 등으로 관리업무 자체가 특별히 많은 것은 아니다. 그러나 신축분양한 건물 같은 경우에는 초기 투자비도 발생하고, 입주자와 건설사의 하자분쟁에 휘말릴 때도 있다. 사실 그 정도는 별일 아닐지도 모른다. 만약, '이웃사기꾼' 같은 사람들(건물마다 이권과 관계된 관리단, 입주자대표회의 등에서 직책을 맡고 관리업체에게 뒷돈을 요구하는 사람들이 사실 더욱 문제다. 이들이 없다고? 아니. 우리 주위에 항상 있다)을 만난다면 그것이 가장 큰 문제다.

그들은 대개 혼자 일하지 않고, 한 건물에 마음이 맞는 두세 명의 입주자가 결탁해 관리단대표, 감사, 총무 등 직책을 나눠가진다. 그리고 세대당 3만 원이면 가능한 관리비를 세대당 4만 원 이상 또 어떤 곳은

7만 원까지 계약하기도 한다. 그들이 그렇게 하면서 얻는 이익은 일반인의 연봉 정도이다.

150세대 아파트에서 1세대당 25,000원이면 가능한 관리비를 4만 원으로 해서 차액이 15,000원 발생하면 매월 225만 원의 보이지 않는 뒷돈이 어딘가로 사라지게 되는 것이다. 내가 소송을 겪은 어느 아파트는 3만 원이면 가능한 관리비를 7만 원에 가계약했다는 사실을 업무방해 가처분 소송을 겪으면서 알아낸 적도 있다. 세대당 보이지 않는 차액이 4만 원이고 150세대의 아파트라고 하면 매월 600만 원의 보이지 않는 블랙머니가 생기는 것이다. 그것은 아주 작은 부분이다.

신축 하자보증금업체에 몰아주기, 공사비 부풀리기 등의 다양한 블랙머니가 '이웃사기꾼'들에 의해 움직인다. 신문기사에서 아파트 주택관리사와 총무의 비리와 관련된 기사를 본 적이 있다. 그건 필시 횡령이겠지만, 관리비를 부풀려서 업체에 일감을 몰아주고, 계약하고 뒷돈을 받는 행위는 크게 보도된 적이 없는 것 같다.

건물 관리의 방법은 매뉴얼에 있고, 경영은 운영에 있다. 다음의 사실 네 가지를 꼭 기억하자. 첫째, 모든 결정은 전체 입주자를 구성으로 한 의결권으로 한다. 둘째, 총회, 반상회 등의 모임구성이 어렵다고 해서 결정권을 일부에게 줘서는 안 된다. 셋째, 모임이 어려울 때는 서면 동의를 받는다. 넷째, 모든 결정의 동의는 서면으로 계약서와 같은 효력이 있도록 한다. 이 네 가지를 잘 지키는 것이야말로 건물 관리의 노하우라고 하겠다.

(1) 집합건물법의 제38조 의결권과 제41조 서면 동의

사업주체(시행, 시공, 분양, 관계인)는 구분등기 50% 이상 분양 시 집회소집 절차에 따라 총회를 개최해야 한다. 이때 최초 공용 관리업무 및 업체를 인수인계해야 한다.

신축건물은 사업주체의 관리로 인해 시행사 측과 계약관계로 들어간다. 시행사는 사업주체의 관리에 관한 사항을 구분소유주에게 계약관계로 받아주어야 하고, 관리업체는 구분등기 51% 이전까지 관리 상태를 보존하며, 구분등기 51%가 되었을 시 총회를 소집해야 하며 이는 사업주체의 업무와 동시에 관리업체의 업무이다. 총회를 통해 사업주체와의 계약에 관한 사항을 인수인계해야 하며, 구분소유자와 시행사 간 체결한 관리계약 사항을 성실히 수행한다.

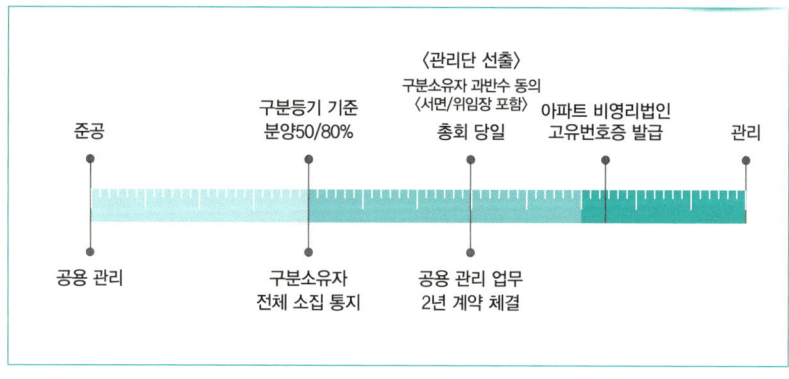

〈신축분양부터 전체 입주 시까지 관리의 핵심〉

관리단 집회절차

부적법한 관리인이라도 추후 추인을 받는 관리단 집회는 적법하다(대법원 2011다69220판결). 관리인 중에는 부적법한 관리인이 있을 수 있다. 그러나 횡령, 배임, 분쟁 등의 상황에 있다고 할지라도 당사자 관리인이 소명하고, 추후 추인을 원하는 집회 요청은 적법하다는 것이다. 여기서 말하는 관리인은 입주자대표 또는 관리단대표를 말한다.

의결 및 서면 동의 형식으로 선출된 적법한 관리인이 집회를 소집하는 것이 가능하고, 관리인 외에도 안건을 가지고 집회를 요청하려고 하면 구분소유자 1/5 이상이 관리인에게 집회소집을 청구할 수 있다. 만약, 관리인이 집회소집 요구에 응하지 않은 경우, 구분소유자 1/5 이상의 전원이 소송 당사자가 되어 법원에 소집허가를 신청해야 한다(의정부지방법원 고양지원 2015비합24).

만약, 신축 또는 구옥 건물에 관리단 및 입주자대표라 할 수 있는 관리인이 없다면 구분소유자 1/5 이상이 요청 시 집회를 개최할 수 있다. 이때, 동의는 구분소유자의 의사만 명확하다면 문자, 팩스, 네이버 댓글도 가능하다(서울지방법원 2016가합512212판결. 부산지방법원 동부지원 2016가합101708판결).

구분소유자 1/5 이상이 소집을 청구하는 경우, 의안(관리규약 개정, 공용부분 변경과 관련된 의안)에 따라 회의의 목적사항을 구체적으로 명시하지 않으면 해당 의안에 관한 의결 및 요구는 무효이다(의정부지방법원 고양지원 2015비합24).

※ 내 경험상 부적법한 가칭관리단, 즉 '이웃사기꾼'들은 평범한 안건을 가지고 집회요청을 하지 않는다. 이들은 대개 확실하지 않은 하자 불만, 관리업체 불만, 우격다짐으로 다소 무식하게 소리 지르고 보는 형식으로 분란을 만들어서 집회를 소집한다. 예를 들어 관리업체가 하자 진행을 잘하고 있음에도 불구하고, 3/100 정도의 불만이 있는 입주자와 결탁해서 관리업체 없이 긴급 반상회를 소모임 정도로 해서 진행한다. 그리고 그 자리에서 관리단 또는 임원들을 바꾸고 본인들이 그 역할을 대신한다. 그렇게 자리정돈을 하고 나면 하자보수 집회에서 관리단을 선출하고 바꾸는 행위를 서슴지 않는다. 이때 법에서는 회의의 목적사항대로 진행하라고 이야기한다. 분란, 분쟁을 일으키는 평범하지 않은 '이웃사기꾼'들은 앞으로 더욱 조심해야 한다.

(1) 소집통지 방법(집합건물법 제34조, 제38조제3항)
   ① 관리단 집회 1주일 전에 회의의 목적사항을 구체적으로 밝혀 각 구분소유자에게 통지하고, 통지한 사항에 관해서만 결의할 수 있다.
   ② 위 통지 시 구분소유자가 관리인에게 따로 통지 장소를 제출한 경우에는 그 장소로 발송한다(부산지방법원 동부지원 2016가합101708판결).
   ③ 통지가 실제 도달하지 않았더라도 그 효력에는 아무런 영향이 없다(부산지방법원 동부지원 2016가합101708판결).

※ 사실 이 판결에는 모순이 있다. 실제 소송에서 '이웃사기꾼'인 가칭관리단이 구분소유주에게 보냈다던 등기를 우체국에서 확인해본 결과, 도달 장소가 구분소유주 자택이 아닌 곳으로 발송되었는데도 효력이 있다고 판단할 때가 있다. 결정에 대한 의결 및 서면 동의는 당연히 각 구분소유자의 등기상 주소로 가야 한다고 생각한다.

④ 앞의 규정과 달리 소집통지를 일정장소에 게시하는 방법으로 갈음한다는 적법한 관리규약이 있다면, 이에 따라 게시하면 된다. 통지 시 서면으로 의결권을 행사하는 데 필요한 자료를 첨부해야 한다.

※ 일반적인 소집통지 방법은 대규모 아파트는 우편으로, 소규모 아파트는 게시판에 게시한다.

제38조제3항에 대항하지만 의결권 행사방법을 명확히 밝히지 않은 소집통지도 적법하다(부산지법 동부지원 2016가합101708). 구분소유자의 의결권은 1인으로 한다. 구분소유자의 배우자 및 그 가족도 포함된다(수원지법 2016카합10287).

※ 이웃사기꾼들은 법적효력을 인정받으려고 가령 201호의 서면 동의를 세 사람, 네 사람으로 중복해서 받는다. 그러나 이는 모두 다 사실관계 확인을 통해 밝혀진다. 곧, 불법이다.

의결권 대상	구분소유자
공유지분	점포의 공유자는 서로 합의하여 1인을 정하고, 협의가 이루어지지 않을 시, 공유지분의 과반수로 행사자를 정하거나, 공유자 중 전유부분 지분의 과반수 보유자가 행사자가 된다(대법원 2012다4985).

- 의결방법 : 집합건물법 제38조
- 서면에 의한 의결권 행사 제14조
- 대리인에 의한 의결권 행사 제15조
- 공용부분의 관리 제16조
- 관리인의 선임 제24조

※ 구분소유자의 과반수 및 의결권의 과반수로 의결한다.

(2) 구분소유자의 의미

구분소유자는 자연적 의미의 숫자를 의미한다. 위임장에 본인 확인 서류를 포함하지 않았다 하더라도, 관리규약에 특별한 규정이 없는 이상 부적법해지지 않는다(서울고등법원 2010나65841). 앞서 의결방법은 임의규정이므로 관리규약으로 달리 정할 수 있다. 의결권 행사는 서면, 전자적 방법, 위임장으로 가능하다(서울남부지법 2016가합20128).

(3) 의결 및 서면 등 집합건물법(집합법) 일부 정의

① 2012년 12월 18일 집합법의 개정으로 관리단 집회에서 점유자의 의결권을 신설, 행사방법을 제한하는 해석은 신중을 기할 필요가 있다(서울중앙지법 2015가합534871).

② 서면의 경우 합의의 구체적 내용을 충분히 인식하고 합의했다는 사정이 인정되면 충분하다(2014.9.4 선고 대법원 2013두25955).

③ 서면 결의서와 위임장은 미리 제출되어야 하고, 제출한 위임장을 철회하려면 집회 개최 전 또는 총회 당시까지 철회서가 제출되어야 한다(서울동부지법 2015가합102758).

④ 구분소유자로부터 점유자가 의결권을 행사할 수 있다는 조항이 있다면 위임장이 필요 없으며, 구분소유자 자신이 의결권을 행사하기 위해서는 그 의사표시를 집회 전에 관리단에게 직접 통지해야 한다(수원지법 안양지원 2016가합10131).

(4) 의결권 권리에 대한 필수 정의

① 구분소유자 1인이 구분소유자 과반수 또는 그 이상으로부터 위임 대리할 수는 없다.

② 작성일자가 기재되지 않거나, 소집통지 이전 작성일자가 기재된 위임장도 부적법하지 않다(다만 제한 있음).

③ 수임인이 공란으로 되어 있는 위임장이라고 하더라도 적법하다(부산지법 동부지원 2016가합101808).

④ 그러나 휴대폰 문자로 받은 위임장의 효력은 인정되지 않는다(서울중앙지방법원 2015가합568713).

⑤ 공유자 2인의 공유인 15세대의 경우 의결권을 행사할 1인을 정해야 하고, 그렇지 않을 경우 15세대의 위임장 전부가 무효가 된다(의정부지방법원 고양지원 2015가합71221 효력 정지).

⑥ 구분소유자 및 의결권의 과반수 규정은 임의규정이므로 이와 달리 정한 정관에 따른 의결 또한 적법하다(서울남부지법 2016카합20128 도장인도가처분 결정).

(5) 집회의 의장과 의사록(집합건물법 제39조)
① 집회 의장은 관리인 또는 집회를 소집한 구분소유자 중 연장자가 된다. 다만, 규약에 특별한 규정이 있거나, 관리단 집회에서 다른 결의를 한 경우는 그러지 아니하다.
② 의사록에는 의사의 경과와 그 결과를 적고, 의장 및 구분소유자 2인 이상이 서명 날인한다. 의사록은 제30조를 준용한다.
③ 임시관리인에 대해 의장을 하지 못할 특별한 사유가 있고, 더불어 해당 관리단 집회에서 거수에 의해 의장을 선출했더라도 위법하지 않다(서울중앙지방법원 2015가합534871 임시관리단 집회 의결의 무효 확인 등).
④ 임시의장 선임 절차 없이 소집 허가 청구자들 중 연장자인 자가 의사 진행한 경우에도 효력이 있다(서울동부지법 2015가합102758).
⑤ 구분소유자 중 일부를 제외한 채 관리단 총회를 개최했다면 해당 관리단 총회에서의 의결은 부존재사유에 해당한다(부산지방법원 2014가합41905).
⑥ 소수 구분소유자의 재산권 행사가 침해받는 것을 방지하기 위한 부득이한 법리로 사료된다.
⑦ 관리단 총회에서의 찬성 정족수를 판단함에 있어서 구분소유

자가 회신하지 않았을 경우 찬성으로 간주한다는 취지의 의결 정족수 찬성은 인정할 수 없다(서울서부지법 2014가합31790).
⑧ 전유부분에 수인의 구분소유자가 존재할 경우 의결권 행사자를 정하는 집합법 제37조제2항은 강행규정이므로 이와 달리 정해진 관리규약은 무효이다(대법원 2007마1734).
⑨ 관리인을 해임하기 위해 해임 사유나 기타 소명 기회를 주지 않더라도 적법하다(의정부지방법원 2015비합24 관리단 집회소집 허가).

관리단 법적 분쟁 사례

적법하게 선출되지 않은 관리인에 의해 제기된 관리비 청구는 부적합하다(대법원 2016.9.23 선고 2016다26860).

관리규약상의 단전, 단수 규정이 적법한 절차에 따라 제정되었다면 사회질서에 현저히 반하지 않는 한 해당 규정은 유효하다(부산지법 2012가합18406).

관리인의 임기종료나 계약만료 이후에 새로운 관리인이 없는 상태라면 기존 관리인이 관리 임무를 수행함이 부적당하다고 인정할 만한 특별한 사정이 없는 한 그 직무를 수행함이 정당하다(수원지법 성남지원 2012가합7638).

아파트 단지를 관리하는 단체가 아파트 단지 내 출입을 통제하는 것이 아파트 단지 내 상가건물 구분소유자들의 대지 사용권을 방해하는 침해행위가 되는지 여부의 판단기준(대법원 2009.12.10 선고 2009다49971).

전 구분소유자의 연체 관리비가 특별 승계인에게 승계되는 범위는 단순히 항목상 공용부분만이 아닌 실질적으로 집합건물의 공공에 사용하는 모든 비용까지이다(대법원 2004다3598).

분양대금을 완납했으나, 소유권이전 등기를 경료하지 않은 수분양자가 등기를 경료하지 못한 이유가 정당하다면, 해당 수분양자 역시 의결권을 가진 구분소유자에 해당한다(대법원 2004마515).

집합법에 존재하는 관리규약은 그 내용이 강행법규에 위반되거나, 그 외 구분소유자의 소유권을 과도하게 침해해 선량한 풍속 기타 사회질서에 위반된다고 사회관념상 현저히 타당성을 잃었다고 인정된다면 무효라고 봐야 할 것이다(대법원 2009다242).

주상복합 건물에서 상가관리단이 성립하기 위해서는 집합법 제23조제2항의 일부 공용부분 관리단으로서 별도의 조직행위를 거쳐야만 한다(서울고등법원 2016나2071004).

집합건물법상 관리단이 아니라 하더라도 비법인사단으로서 요건을 갖추었다면 소송상 적법한 당사자 능력을 갖는다(수원지방법원 2014나 6364판결).

입주자대표회의(아파트)와 관리단 분쟁 유형

아파트 입주민과 상가 구분소유자가 함께 대지권을 가지고 있는 하나의 단지에서 아파트 입주민들의 동의만으로 상가 주차장에 대한 용도변경(쓰레기장 설치, 주차장 사용 등)을 결정할 수 없다(서울행정법원 2014구합8537).

구분소유자의 의결권을 계산함에 있어서, 수 개의 점포를 가진 구분소유주라 할지라도 1인의 구분소유자로 보아야 한다(대법원 2009다65546).

관리인 선임과 해임을 전자문서 또는 전자투표에 의해 합의한 경우 적법한 서면결의라고 볼 수 없다. 강행규정 집합법 제24조제2항 참조 (대법원 2009다45320).

형식상 구분소유자로서 등기된 자라고 하더라도, 그 등재된 시기 동안 부과된 관리비를 지급할 의무를 부담한다(제주지법 2013나1501, 대법원 2009다22266).

상가 내 점포와 관련해 권장업종을 지정해 분양받은 자 또는 그 지위를 양수한 자가 "상가 자치관리 위원회의 동의 없이 업종제한 약정"을 위반할 경우, 이로 인한 영업상 이익을 침해당할 처지에 있는 자는 침해배제를 위해 동종업종 영업금지를 청구할 권리가 있다(대법원 97다42540).

구분소유자 중 일부에 대해 관리비를 감면하는 것은 결국 관리규약 변경에 해당하므로, "관리위원회의 결의가 아닌" 관리단 총회 의결이 요구된다(수원지법 성남지원 2014가합3197).

구분소유자가 소방 안전상 등의 위험을 이유로 관리비 지급을 거절하기 위해서는 그 위험은 "추상적 위험이 아닌" 구체적 위험 정도여야 한다(제주지법 2016.6.24 선고 2014가단14596).

소규모 건물 관리 계약 시 핵심 사항

① 필요 서류
- 전체 입주자 정보 및 건물 정보
a. 신축건물일 경우의 상세 정보
• 분양 팀에 요청한다.
• 해당 건물에 입주자대표회의가 있을 경우 요청해 명단을 받는다.
→ 청소, 경비, 4대 안전(승강기, 소방, 전기, 기계주차), 필수업체 정보를 사전에 준비한다.

b. 기존 건물일 경우의 상세 정보
- 전 관리업체에 요청한다.
- 관리업체에서 못 받을 경우 입주자대표회의에 요청해 명단을 받는다.
→ 청소, 경비, 4대 안전(승강기, 소방, 전기, 기계주차), 필수업체 정보를 포함한다.

② 미납 자료 확인(매월 25일까지)
a. 신축건물의 경우
- 공용 전기와 수도 미납을 확인한다.
- 4대 안전 업체의 미납을 확인한다.
→ 확인 방법 : 공용은 한전, 상수도는 해당 지역의 부서, 개인 세대는 분양 팀에 요청한다.
- 세대별 미납을 확인한다. 미납 있을 시 분양 팀에 수납 요청 및 확인을 한다.

③ 전월 수도와 전기검침 자료(매월 25일)
a. 신축건물의 경우
- 분양 팀이 세대별로 입주할 때 검침한 자료가 있을 경우 받는다.
- 검침 자료가 없을 경우 검침원이 상수도, 한전의 검침 일자에 맞춰 신규 건물에 들어갈 때 검침을 해놓는다.
- 신규 계약 시 바로 한전과 상수도에 검침 일자를 알아보고, 날짜를 잡는다.

b. 업체 변경 건물의 경우
- 전 관리업체에 검침 자료를 받아야 한다.
- 전 관리업체에서 못 받을 경우 입주자대표회의에 요청한다.

④ 관리 견적서·4대 안전 계약서

a. 신축건물의 경우
- 건물 관리 견적서를 작성 후 계약 진행 시 분양 팀에 제출한다.
- 건물 관리 견적서 금액과 같이 4대 안전 업체와 계약을 해 관리를 진행한다.

b. 업체 변경 건물의 경우
- 건물 관리 견적서 작성 후 입주자대표회의에 제출해 계약을 진행한다.
- 건물 관리 견적서 금액으로 4대 안전 업체를 유지·변경 계약 후 관리를 진행한다.

⑤ 관리비 통장(고지서에 계좌 2개)

a. 가상 계좌
- 효성 CMS를 이용해 세대별 가상 계좌를 발급받는다.
- 가상 계좌는 입금통장의 예금주를 건물명으로 설정해 입금받는다 (가상 계좌는 필요시 비영리로 건물을 등록해 진행한다).

b. 건물명 계좌
- 카드·CMS 자동이체를 위해서 건물명 통장(아파트 데스크)으로 등록해야 한다. 꼭 세무서에 비영리로 신고해 해당 건물을 등록해야 은행에서 건물명 통장이 발행된다.

• 관리 운영

관리비 부과 〉 관리비 고지 〉 입금 〉 수납(가상 계좌 집금 통장→건물 계좌), (카드 자동이체→건물 계좌)

a. 한전과 상수도에서 검침하는 매월 각 일정에 맞게 '각 세대 수도검침, 전기검침'을 필수 진행해서 검침자료를 전산팀에 제출해야 관리비가 산정된다.

b. 옥상, 계단실, 지하주차장, 방재실 등을 매월 정기점검하고, 특이사항을 입주자대표에게 보고한다.

c. 보고형식은 서면보고를 원칙으로 하고, 급할 경우 전화, 카톡 등으로 보고한다. 모든 보고는 서면으로 작성하고 최소 3년간 보관한다.

→ 위탁수수료·전산처리비 또는 계약된 관리자의 일반 관리비를 건물명 계좌에서 계약된 건물 관리수수료 등을 매월 10일 자동이체 (예 관리비 부과 〉 5일 후 관리자의 관리비 자동이체 〉 한전, 수도 자동이체 〉 그 외)한다.

→ 매월 20일 마감일에 맞춰 수납자를 확인한다(통장 관리자).

※ 중요사항

비의무관리 대상은 집합건물법에 의해 관리를 하되, 미약한 규정은 입주자대표회의와 상의해 공동주택관리법을 일부 준용해 관리규약을 제정한 후 적용한다. 단, 공동주택관리법 적용 여부는 반상회를 통해 결정해야 한다.

이웃사기꾼 가칭관리단 소송 판결 사례

　신축분양 건물 154세대 1개동 건물을 수주해 관리하면서 관련 법령에 따라 관리단 집회를 3~4회 했음에도 불구하고, 관리에 무관심한 입주자와, 세입자 등으로 인해 관리인을 선출하지 못했다. 그러던 중 갑작스럽게 관리단대표라는 관리인으로부터 내용증명과 업무방해금지 가처분 신청이 날아왔다. 내용인즉, 관리단이 생겼으니 나가라는 일방적인 통고였다.

　알고 지내는 입주자 몇몇에게 사실관계를 확인해보니, 하자보수로 고통받는 일부 입주자와 백씨라는 사람이 급하게 반상회를 소집했고, 채 20명도 안 모인 반상회에서 백씨 본인이 법무사 사무장이라면서, 그와 그를 추종하는 2~3명의 사람들이 관리단으로 선출되었다고 한다. 그러나 154세대 입주자 중 130세대는 그 사실을 전혀 알지 못했고, 나는 친분이 있는 입주자를 통해 관리인이라는 백씨가 새로 계약한 업체의 관리비용을 알아냈다. 기존에 내가 관리하면서 매월 150만 원 정도의 안정된 수익을 보장받던 세대당 3만 원대 관리비를 월 7만 원대로 가계약해놓은 것이다. 이 사실을 알게 된 입주자가 놀라면서 빠르게 전체 입주자들에게 알렸고, 입주자들은 그제야 사실관계 확인에 적극적으로 동참해줬다.

　입주자들이 계약서를 요구하자 새로 가계약했다던 ○○관리업체에서 관리단 백씨에게만 보여줄 수 있다면서 계약서 공개를 거듭 거부했고, 입주자가 온화한 목소리로 관리비만이라도 알려달라고 하자 그제야 월 7만 원 정도의 관리비를 알려줬던 것이다. 그 후 입주자들은 긴급반상회 및 사실관계 확인을 통해 가칭관리인 백씨와 그를 추종하는 관리단을 몰아냈고, 그 과정에서 의결권과 서면 동의를 불법으로 작성하고 그걸로 세무서의 비영리고유번호증까지 받은 가칭관리단의 실체가 밝혀졌다. 알고 보니 백씨는 보증금 천만 원에 월 50만 원을 내는 세입자임이 새롭게 밝혀졌다. 결국 이웃사기꾼인 가칭관리단이 패소했고, 이사를 나가는 것으로 끝났다.

다음의 판결문은 실제 판결문으로 개인정보 등의 이유로 상세한 것들은 생략했다. 전국 14만 동의 집합건물들이 이런 실태에 놓여 있다.

인천지방법원
제21민사부

결정

사건 : 2017카합10200 관리업무 수행금지 및 관리업무 방해금지 가처분

채권자 : 1. 주안 A 관리단

　　　　　인천 남구 주안로 ○○○(주안동 ○○○)

　　　　　대표자 관리인 백○○

　　　　2. 주식회사 한○○○

　　　　　서울 영등포구 시흥대로 ○○○(대방동 ○○○)

채무자 : 대표이사 최○○

채권자들 : 소송대리인 변호사 장○○

　　　　　주식회사 세신이음○○○

　　　　　부천시 소향로 ○○, 200호(상동, ○○프라자)

　　　　　대표이사 박○○

　　　　　소송대리인 변호사 ○○○

주 문

채권자 주안 ○○○ 관리단의 신청을 각하한다.

채권자 한○○○ 이의 신청을 모두 기각한다.

소송비용 중 채권자 주안 정○○○○○ 관리단과 채무자 사이에 생긴 부분은 위 채권자의 대표자로 표시된 백○○, 채권자 한○○○와 채무자 사이에 생긴 부분은 채권자 한○○○가 각 부담한다.

신청취지

1. 채권자들의 주장

   가. 채권자 주안 정○○○○○ 관리단(이하 '채권자 관리단'이라고 한다)은 인천 남구 주안로 ○○동 소재 집합건물인 주안 정○○○○○(이하 '이 사건 건물'이라고 한다)의 구분소유자들이 집합건물의 소유 및 관리에 관한 법률(이하 '집합건물법'이라고 한다)에 따라 구성한 관리단이고, 채권자 주식회사 한○○○(이하 '채권자 회사'라고 한다)는 채권자 관리단과 이 사건 건물에 관한 관리용역계약을 체결한 회사이다.

   나. 채권자 관리단은 2017.5.6 개최한 관리단 집회(이하 '이 사건 집회'라고 한다)에서 백○○를 관리인으로 선임하는 결의(이하 '이 사건 결의'라고 한다)를 한 뒤, 채권자 회사와 관리용역계약을 체결하며 이 사건 건물에 대한 관리업무를 시작했다. 채무자는 이 사건 건물의 분양자와 관리용역계약을 체결해 이 사건 건물을 관리하던 관리용역회사에 불과한 바, 관리단이 관리를 개시할 때까지 한시적으로 관리업무를 수행할 권한을 가지는 채무자는 더 이상 이 사건 건물에 대한 관리업무를 수행할 수 없다. 그럼에도 채무자는 백○○의 관리인 지위를 부정하면서 이 사건 건물의 관리

업무를 지속함으로써 채권자들의 이 사건 건물 관리업무를 방해하고 있으므로, 채권자들은 신청취지 기재와 같은 가처분 결정을 구한다.

2. 채권자 관리단의 신청의 적법 여부에 관한 직권 판단

가. 비법인사단이 당사자인 사건에서 대표자에게 적법한 대표권이 있는지 여부는 소송요건에 관한 것으로서 법원의 직권조사 사항이므로, 법원에 판단의 기초자료인 사실과 증거를 직권으로 탐지할 의무까지는 없다 하더라도 이미 제출된 자료에 의해 대표권의 적법성에 의심이 갈 만한 사정이 엿보인다면 그에 관해 심리·조사할 의무가 있다(대법원 2011.7.28.선고 2010다97044판결 등 참조).

나. 채무자는 이 사건 집회의 소집절차 내지 이 사건 결의에 중대한 하자가 있다고 주장하는 바, 채무자이 주장과 같이 이 사건 집회의 소집절차 내지 이 사건 결의에 하자가 있다면 백○○에게 채권자 관리단의 대표권이 있다고 보기 어려우므로, 직권으로 채권자 관리단의 신청의 적법 여부에 관해 본다.

다. 살피건대 이 사건 기록 및 심문 전체의 취지에 의해 소명되는 다음의 사정에 의하면 이 사건 집회는 그 소집절차에 중대한 하자가 있는 것으로 볼 여지가 있으며, 채권자들이 제출한 자료들만으로는 이 사건 결의가 의결정족수를 충족했다는 사실을 소명하기 부족하다.

- 집합건물법 제33조제4항에 의하면 관리인이 없는 경우 구분소유자의 5분의 1 이상은 관리단 집회를 소집할 수 있고, 집합건물법 제34조제1항은 이 경우 관리단 집회일 1주일 전에 회의의 목적사항을 구체적으로 밝혀 각 구분소유자에게 통지해야 한다고 규정하고 있다. 채권자들은 구분소유자 총 154세대 중 5분의 1 이상인 72세대로부터 적법한 위임을 받아 소집통지를 했다는 취지로 주장하나, 채권자가 앞에서와 같은 주장의 소명자료로 제출한 소갑 제14호증은 가칭 정○○파크빌 관리단을 구성하기 위한 발기인 동의서에 불과하며, 앞의 발기인 동의서에 호수와 성명을 기입하고 서명을 했다는 사정만으로 앞의 발기인 동의서에 서명한 각 구분소유자들이 이 사건 집회의 소집을 요구했다는 사실까지 추인하기는 부족하다.
- 집합건물법 제38조제1항은 관리단 집회의 의사는 집합건물법 또는 규약에 특별한 규정이 없으면 구분소유자의 과반수 및 의결권의 과반수로써 의결하도록 규정하고 있다. 채권자들은 이 사건 집회에서 백○○를 관리인으로 선임하는 결의가 이루어졌고, 이 사건 결의가 집합건물법에서 정한 의결정족수를 충족했다는 취지로 주장하면서 이 사건 집회의 의사록(이하 '이 사건 의사록'이라고 한다), 위임장(이하 '이 사건 위임장'이라고 한다) 등을 이 법원에 제출했으나, 이 사건 위임장은 대다수 작성일자가 기재되어 있지 아니하며, 그 중 202호 신○○ 및 804호 송○○의 위임장에는 각 이 사

건 집회 이후인 2017.5.24 및 2017.5.11로 각 작성일자가 기재되어 있어 나머지 위임장 또한 이 사건 집회일 이전에 작성된 것인지 여부에 관해 의문이 있는 점, 채권자들은 이 사건 신청 당시 총 115장의 이 사건 위임장을 소명자료로 제출했으나 이 사건 의사록에는 총 73인의 의결권이 대리 행사되었다고 기재되어 있는 점, 이 사건 의사록에 의하면 이 사건 건물의 구분소유자 중 40명의 위임을 받은 것으로 보이는 이○○의 참석 여부가 불분명한 점, 이 사건 위임장을 작성해준 201호 이○○, 202호 신○○, 2011호 ○○화, 409호 채○○, 410호 ○○진 등은 이 사건 의사록에 첨부된 참석자 명부에도 직접 출석한 것으로 기재되어 있는 점, 이 사건 의사록에는 어느 구분소유자가 의결권을 직접 행사하고 어느 구분소유자가 어느 호수의 구분소유자들로부터 의결권 행사를 위임받았는지에 대한 구체적인 기재가 없음은 물론 이 사건 집회에 참석한 구분소유자의 의결권(전유부분 면적비율)에 대한 기재도 되어 있지 아니한 점 등에 비추어 보면 이 사건 의사록의 기재 내용을 그대로 믿기 어려울 뿐만 아니라, 이 사건 의사록을 바탕으로 이 사건 결의가 의결정족수를 충족한 것인지 여부를 판단하기 곤란해, 이 사건 결의에서 구분소유자 및 의결권의 각 과반수의 찬성으로 백○○가 관리인으로 선임되었는지에 대해 의문이 있다.

라. 그렇다면 채권자 관리단의 신청은 대표권 없는 백○○가 채권자 관리단을 대표해 제기한 것이므로 부적법하다.

3. 채권자 회사의 신청에 관한 판단

 채권자 회사의 신청은 백○○가 채권자 관리단의 관리인으로서 적법하게 선임되어 채권단 관리단을 대표해 관리용역계약을 체결했음을 전제로 한다. 그러나 앞의 제2항에서 본 것처럼 백○○가 채권자 관리단의 적법한 대표자라는 점에 대한 소명이 부족하고, 현재까지 제출된 자료들만으로는 채권자 회사가 채권자 관리단으로부터 이 사건 상가의 관리에 관한 권한을 위임받았음이 소명되지 않는다.

4. 결론

 그렇다면 채권자 관리단의 신청은 부적법하므로 이를 각하하고, 채권자 회사의 신청은 이유 없으므로 이를 기각하기로 해 주문과 같이 결정한다.

2017. 10. 26

재판장 판사 유○○
판사 이○○
판사 김○○

[별지]

제1목록

(1동 건물의 표시)
인천시 남구 주안동
[도로명 주소] 인천시 ○○구 ○○동 ○○○○○
철근콘크리트구조 (철근)콘크리트지붕 15층 업무시설 및 공동주택지 1층 000.75㎡ 등

제2목록

1. 채무자가 이 사건 상가의 경비실 또는 전기실을 점거하거나 채권자 주안○○크빌 관리단 및 채권자 한 ○○영비 ○○이 또는 채권자들의 지시를 받는 사람들의 위 경비실 또는 전기실(공동구) 출입을 막거나 내쫓는 등으로 관리업무수행 자체를 방해하거나 관리업무 관계서류 및 장비 은닉 또는 인셰인수 거절 등으로 관리업무를 방해하는 일체의 행위

2. 채권자들이 채권자 주안 정○○크빌 관리단 소유의 게시판에 안내문 등 문서를 부착하는 것을 막거나 채권자들이 부착한 문서를 임의로 떼어내는 등으로 훼손하는 행위

3. 채무자가 채권자 주안○○크빌 관리단 고유번호 중 단체명의의 은행계좌가 아닌 채무자명의 또는 채무자관련인의 은행계좌로 관리비를 수납받거나 임의 무단인출 및 지출하는 등 일체의 금융 거래행위

끝

가칭관리단의 직무집행정지 가처분 승소 판결 사례

인천지방법원

제21민사부

결정

사건 2017카합10300 직무집행정지 등 가처분

채권자(선정당사자) 1. 안○○

　　　　　　　　인천 남구 ○○동 ○○○○○

　　　　　　　2. 황○○

　　　　　　　　인천 남구 ○○동 ○○○○○

채권자(선정당사자)들 송달장소 : 서울 서초구 서초대로 ○○길 19,

　　　　　　　　○○빌딩 200호

채권자(선정당사자)들의 소송대리인 : 변호사 방○○

채 무 자 1. 백○○

　　　　　최후주소 인천 남구 주안로 ○○○(○○동, ○○○○○)

　　　　 2. 손○○

　　　　　인천 남구 주안로 ○○○(○○동, ○○○○○)

　　　　 3. 권○○

　　　　　인천 남구 주안로 ○○○(○○동, ○○○○○)

주문

채권자(선정당사자)들의 주안 ○○관리단에 대한 관리인 및 관리위원 선임 결의무효 등 사건의 본안판결 확정 시까지, 채무자 백○○는 앞의 관리단의 관리인 겸 관리위원으로서의 직무를, 채무자 손○○, 권○○은 이사 겸 관리위원으로서의 직무를 각 집행해서는 아니 된다. 소송비용은 채무자들이 부담한다.

신청취지

주문과 같다.

이유

기초사실

이 사건 기록 및 심문 전체의 취지에 의하면 다음의 각 사실이 소명된다.

가. 채권자(선정당사자, 이하 '채권자'라고 한다)들 및 선정자들은 인천 남구 주안 100(주안동) 소재 집합건물인 정○○○○○(이하 '이 사건 건물'이라고 한다)의 구분소유자들이다.

나. 이 사건 건물의 구분소유자들 중 일부는 2017.5.6 관리단 집회(이하 '이 사건 집회'라고 한다)를 개최해, 채무자 백○○를 관리인 및 관리위원으로, 채무자 손○○, 권○○을 이사 겸 관리위원으로 각 선임하는 결의(이하 '이 사건 결의'라고 한다)를 했다.

판단

 살피건대 이 사건 기록 및 심문 전체의 취지를 종합해 인정되는 다음의 사정, 즉 이 사건 집회 회의록에 따르면 이 사건 집회에는 총 154명의 구분소유자들 중 34명이 실제로 참석하고 73명이 위임동의서를 통해 그 의결권을 대리 행사한 바, 앞의 위임동의서 중 관리인 등 선임에 관한 건에 대해서는 '정○○파크빌 관리인 선임에 관한 건 구성 의결권 행사'라고만 기재되어 있을 뿐 누구를 대표자로 선출한다는 데 동의한다는 것인지 전혀 알 수 없어, 앞의 위임동의서는 대표자 선출결의에 관한 유효한 위임장이 될 수 없는 점(대법원 2009.9.24 선고 2009다36555판결 참조), 앞의 위임동의서에 의해 의결권을 행사한 구분소유자의 수와 의결권 면적을 제외하면, 이 사건 결의는 집합건물의 소유 및 관리에 관한 법률에서 정하는 의결정족수를 충족하지 못하는 점, 채무자 백○○는 주안 정○○크빌 관리단의 관리인으로서 기존 관리업체인 주식회사 ○○이음○○를 상대로 이 법원 2017카합10200호로 관리업무 수행금지 및 관리업무방해금지 가처분을 신청했으나, 이 법원은 '(2017.10. 26) 이 사건 집회의 소집절차에 중대한 하자가 있다고 볼 여지가 있으며, 채권자들이 제출한 자료만으로는 이 사건 결의가 의결정족수를 충족했다는 사실을 소명하기 부족하다'는 이유로 주안 정○○크빌 관리단의 신청은 대표권 없는 자가 제기한 것으로 부적법하다는 내용의 결정을 한 점 등에 채권자들이 이 사건 신청에 이르게 된 경위, 채무자들의 태도, 현재의 상황 등에 비추어 볼 때, 채권자들의 이 사건 신청은 그 피보전권리 및 보전의 필요성이 소명된다.

결론

그렇다면 채권자들의 이 사건 신청은 이유 있으므로 이를 인용하기로 해 주문과 같이 결정한다.

2018. 2. 8.

재판장 판사 유○○

판사 이○○

판사 김○○

선정자 목록

1. 안○○(870000-1000000)

    인천 남구 주안로 ○○○○이하

2. ~

(생략)

73. 김○○

    인천 남구 주안로 ○○○○(주안동, ○○파크빌)

일반적인 집합건물 관리규약

관리규약
20 년 월 일
○○번영회

제1장 총칙

제1조 【목적】

이 규약은 집합건물의 소유 및 관리에 관한 법률(이하 "법"이라고 한다) 제28조의 규정에 따라 ○○시 ○○구 ○○동에 위치한 ○○빌딩의 건물 및 그 대지와 부속물을 관리 및 사용함에 있어서 필요한 사항을 규정함으로써 소유자 및 사용자의 공동이익을 증진하고 양호한 건물 사용 환경을 확보함을 목적으로 한다.

제2조 【용어의 정의】

이 규약에서 사용하는 용어의 정의는 다음 각 호와 같다.

① "전용부분"이라 함은 구분 소유권의 목적인 건물부분을 말한다.
② "공용부분"이라 함은 전용부분 이외의 건물부분, 전용부분에 속하지 아니하는 부속물 등을 말한다.
③ "입점자"라 함은 전용부분의 구분소유자 또는 구분소유자를 대리하는 대리인을 말한다.
④ "사용자"라 함은 입점자 이외의 자로서 건물부분을 점유해 사용하는 자를 말한다.
⑤ "입점자 등"이라 함은 입점자 및 입점자를 대리하는 사용자를 말한다.
⑥ "공동 시설물"이라 함은 전용부분에 속하지 아니하는 전기 배선 시설, 상하수도 시설, 위생 시설, 기타 공동으로 사용하는 모든 시설물을 말한다.

제3조 【규약 대상물의 범위】

이 규약의 대상물(이하 "건물"이라고 한다)은 별표 1과 같다.

제4조 【입점자 등의 권리의무 등】

① 입점자 등은 건물의 보존에 해로운 행위 기타 건물의 관리 및 사용에 관해 입점자 등의 공동의 이익에 반하는 행위를 해서는 아니 된다.

② 입점자 등은 그 전용부분 또는 공용부분을 보존 또는 개량하기 위해 필요한 범위 내에서 다른 입점자 등의 전용부분 또는 자기의 공유에 속하지 아니하는 공용부분의 사용을 청구할 수 있다. 이 경우 다른 입점자 등이 손해를 입은 때는 이를 보상해야 한다.

③ 입점자 등은 공용부분 또는 공동 시설물을 파손 또는 훼손했을 경우 이를 보상해야 한다. 당해 입점자 등의 고용인 또는 업무관계자로 인해 발생한 손해에도 이를 적용한다.

④ 입점자 등의 특별승계인은 승계 전에 발생한 다른 입점자 등에 대한 채무에 관해서도 책임을 진다.

제2장 관리단 집회 및 운영위원회

제5조 【관리단의 구성 등】

① 관리단은 입점자 등의 전원으로서 구성된다.
② 관리단은 다음 각 호의 임원을 둔다.

a. 회장 1인

　　b. 총무이사 1인

　　c. 감사 1인

③ 임원은 정기 관리단 집회 의결에 의해 선출한다.

④ 임원의 임기는 1년으로 하고 연임할 수 있다.

⑤ 임원의 궐위가 있는 경우에는 궐위일로부터 30일 이내에 다시 선출하고, 그 임기는 전임자의 잔임기간으로 한다. 단, 잔임기간이 3개월 미만 시는 선출하지 아니할 수 있다.

제6조 【의결권】

① 입점자는 하나의 전용부분에 대해 하나의 의결권을 가지며 또한 법 제12조에 의거 지분비율에 의한 의결권을 가진다.

② 하나의 전용부분을 2인 이상이 공유하는 경우 공유자는 의결권을 행사할 1인을 정한다.

③ 입점자는 서면 또는 대리인에 의한 의결권을 행사할 수 있다.

제7조 【의결 방법】

① 다음 각 호에 대해 입점자 및 의결권의 각 과반수로써 의결한다.

　　a. 임원의 선출

　　b. 관리소장의 선임 또는 해임

② 다음 각 호에 대해 입점자 및 의결권의 4분의 3 이상의 찬성을 얻어 행한다.

　　a. 규약의 설정, 변경 및 폐지

b. 공용부분의 변경에 관한 사항

　　c. 입점자 등에 대한 전용부분 사용금지 청구

　　d. 구분소유권의 경매 청구

　　e. 사용자에 대한 전용부분 인도 청구

③ 다음 각 호에 대해 입점자 및 의결권의 각 5분의 4 이상의 찬성을 얻어 행한다.

　　a. 재건축

　　b. 건물이 일부 멸실된 경우 멸실된 공용부분의 복구

제8조 【관리단 집회의 소집 등】

① 정기 관리단 집회는 회계 연도 종료 후 3월 이내에 소집한다.

② 정기 관리단 집회에서 임원의 선출, 전년도 결산 서류의 승인, 당해 연도 예산의 승인, 기타 건물의 보존 및 관리운영에 필요한 사항을 의결한다.

③ 제9조의 규정에 의거, 운영위원회에서 필요하다고 인정한 때 또는 법 제33조제2항 규정에 의거해 구분소유자의 5분의 1이상 또는 의결권의 5분의 1 이상을 가진 자가 회의의 목적사항을 명시해 관리단 집회의 소집을 청구한 때는 관리소장은 임시 관리단 집회를 소집해야 한다.

④ 관리단 집회를 소집하고자 할 때는 관리단 집회일의 1주일 전에 회의의 목적사항과 그 내용을 명시해 각 입점자 등에게 통지한다. 다만, 이 통지를 건물 내의 적당한 장소에 게시함으로써 소집통지에 갈음할 수 있다.

제9조 【운영위원회】

① 건물의 관리운영을 효율화하기 위해 운영위원회를 설치한다.

② 운영위원회는 제5조제2항의 규정에 의해 임원 및 관리소장으로 구성한다.

③ 운영위원회는 매월 1회 정기회의를 소집하고 다음 각 호의 사항을 심의, 승인 또는 결정한다.

    a. 관리비의 입점자 등별 부과내역서

    b. 관리비의 지출

    c. 기타 건물의 보존 및 관리유지에 필요한 사항

④ 회장은 필요하다고 인정한 때에는 임시 운영위원회를 소집할 수 있다.

⑤ 운영위원회 또는 임원이 업무수행을 위해 사용한 비용은 관리비에 부과해 청구할 수 있다.

제10조 【의사록 등】

① 관리단 집회 및 운영위원회의 의사에 관해서는 의사록을 작성해야 한다.

② 의사록에는 의사의 경과와 그 결과를 기재하고 각 임원이 서명 날인해야 한다.

③ 의사록은 관리소장이 보관해야 한다.

제3장 관리사무소(관리소장 상주 근무시)

제11조【관리사무소의 구성】

① 관리사무소는 관리소장 1인 및 기타 건물의 보존 및 관리운영에 필요한 인원으로 구성한다.

② 관리소장은 관리단 집회에서 선임한다(단, 위탁 관리일 경우에는 위탁 관리 회사에 위임한다).

③ 관리소장 이외 관리사무소 직원은 관리소장에게 위임한다.

제12조【관리소장의 권한의무】

① 관리소장은 건물에 대해 관계법령 또는 이 규약에서 정하는 바에 따라 보존, 관리 및 변경 등의 행위를 할 권한과 의무를 가진다.

② 관리소장은 관계법령 또는 이 규약에서 정하는 바에 따라 관리비 및 기타 분담금을 각 입점자 등에게 청구 수령하고 그 금원을 관리할 권한과 의무를 가진다.

③ 관리소장은 정기 관리단 집회 및 운영위원회에 그 사무에 관한 보고를 해야 한다.

제13조【관리사무소의 직원채용 등】

① 운영위원회는 제11조제3항의 규정에 인한 직원채용 시 해당 직원의 자격요건, 급여수준, 기타 신원보증에 관한 사항을 검

토 심의해야 한다.
② 관리소장은 선임 시 2,000만 원 이상의 신원보증보험에 가입해야 하며, 기타 직원은 임용 시 500만 원 이상의 신원보증보험에 가입해야 한다.
③ 전항의 신원보증보험 증서는 총무이사가 보관한다.
④ 관리사무소 직원의 자격요건에 관해 결격사유가 발생한 때에는 운영위원회(위탁 관리일 경우 위탁 관리 회사)는 해당 직원을 즉시 해임해야 한다.

제14조 【관리사무소의 임무】
관리사무소는 다음 각 호의 사항을 성실히 수행해야 한다.
① 공용부분의 유지 및 보수, 점검, 파악, 가동, 수선 및 안전 관리
② 관리비 및 사용료의 부과, 징수, 예치 및 사용료 납부대행
③ 건물의 경비, 청소, 쓰레기수거 및 소독
④ 하자보수 기간 내의 하자보수 및 하자보증예치금 관리
⑤ 이 규약에서 정하는 사항 및 운영위원회의 결정사항
⑥ 기타 건물 관리 및 유지에 필요한 사항

제6장 회계

제15조 【회계 처리의 원칙】
관리사무소는 관계규정과 일반적으로 인정된 회계 원칙 및 회계 관습에 따라 회계 처리를 해야 한다.

제16조【회계 연도】

회계 연도는 매년 1월 1일부터 12월 31일까지로 한다.

제17조【장부】

관리사무소는 다음 각 호의 장부를 비치해 회계사실을 명확하게 기록, 유지 및 보관해야 한다.

① 금전출납부
② 은행예금장
③ 수입보조부(각 입점자별 징수대장 포함)
④ 물품관리대장
⑤ 기타 회계 처리에 필요한 장부

제18조【예산】

① 모든 수입과 지출은 예산에 의거해 집행되어야 한다. 다만, 불가피한 사유로 인해 이미 성립된 예산을 변경할 필요가 있다고 인정될 때에는 운영위원회의 결정에 따라 집행한다.
② 관리사무소는 회계 연도 개시 후 2월 이내에 당해 연도 예산안을 작성해 운영위원회에 제출해야 한다.
③ 운영위원회는 전항의 예산안을 검토 심의하고 의견서를 첨부해 정기 관리단 집회에 보고하고 승인받아야 한다.
④ 당해 연도 예산이 정기 관리단 집회의 승인을 얻기 전 수입 및 지출은 전년도 예산에 준해 집행한다.
⑤ 관리사무소는 매 분기별로 예산과 대비한 예산 집행 실적을

운영위원회에 보고한다.

제19조 【결산】

① 결산서류는 당해 연도의 수입과 지출을 대조해 명료하게 작성해야 한다.

② 관리사무소는 회계 연도 종료 후 2월 이내에 결산서류를 작성해 감사에게 보고해야 한다.

③ 감사는 결산서류의 적정성을 검토하고 필요하다고 인정되는 때에는 적절한 감사절차를 수행해야 하며 정기 관리단 집회일 2주일 전까지 결산서류 및 감사보고서를 운영위원회에 제출해야 한다.

④ 운영위원회는 전항의 결산서류 및 감사보고서를 정기 관리단 집회에 보고하고 승인받아야 한다.

⑤ 결산 결과 관리비 등에 잉여금 또는 부족금이 발생했을 때는 관리단 집회에서 결정하는 바에 따라 처리한다.

제20조 【관리비의 구성 등】

① 관리비는 다음 각 호의 합계액으로 하고 구성내역 및 산정방법은 법 제17조의 규정 및 주택법 시행령 제58조의 규정에 따른다.
    a. 일반 관리비
    b. 청소비
    c. 경비비

    d. 소독비

    e. 승강기유지비 · 소방안전 · 전기안전

    f. 난방비

    g. 급탕비

    h. 수선유지비(냉난방시설의 청소비를 포함)

② 관리비 부과는 각 점포별 분양면적(사용면적)에 따라 부과한다(단, 점포별 실사용량을 확인할 수 있는 수도, 전기, 난방의 실사용량에 따라 부과한다).

③ 관리사무소는 운영위원회의 결정에 따라 지정하는 시설 및 항목에 대해 별도의 관리비를 부과할 수 있다.

④ 관리비 등 제수납금의 납부고지서는 사용자 성명, 비목별 금액, 납부기한 및 납부장소 등을 명기해 납기 1주일 전까지 사용자에게 도달하도록 한다.

⑤ 관리비의 납부기한은 매월 말일로 하되 납부기일이 공휴일이면 그 익일로 한다.

⑥ 관리비 등의 수납은 운영위원회에서 지정하는 금융기관에서 수납함을 원칙으로 한다.

⑦ 분양건물의 원활한 운영 및 관리를 위해 선수관리비예치금을 부과 징수한다.

⑧ 전항의 선수관리비예치금은 입주 100% 시까지 공용운영비(인건비, 자재비 등)로써 사용한다.

제21조 【가산금 등】

① 관리비 등을 기한 내에 납부하지 아니한 입점자 등에 대해서는 가산금을 연체요율에 따라 부과한다(별표 2 참고).

② 입점자 등이 관리비 등의 납부를 납부기한으로부터 1개월 이상 연체하는 경우 관리소장은 독촉장을 발송해야 하고, 3개월 이상 연체하는 때는 운영위원회의 결정에 따라 단전, 단수 또는 제22조에서 규정하는 제반조치를 취할 수 있다.

③ 관리비 등이 연체된 경우 먼저 발생한 부분부터 수납해야 한다.

제22조 【장기수선충당금의 적립 등】

① 운영위원회는 관계법령이 정하는 바에 따라 공용부분에 대한 장기수선계획을 수립하고 장기수선충당금의 적립금을 입점자 등에 부과할 수 있다.

② 장기수선충당금 적립금의 입점자별 부담금은 법 제17조의 규정에 의한 지분비율에 따라 산정한다.

③ 장기수선충당금의 사용은 장기수선계획에 의하되 운영위원회의 결정에 따른다.

제5장 기타

제23조 【의무 위반자에 대한 조치】

입점자 등이 제4조제1항의 행위를 한 경우 또는 그 행위를 할 염려가 있는 경우 또는 제20조 내지 제22조의 규정에 의한 관리비 등의 납부를 거부하는 경우 입점자 등에 대해 행위정지처분, 전용부분의 사용금지청구, 구분소유권의 경매청구, 사용자에 대한 전용부분의 인도청구 등을 관리단 집회에서 결의할 수 있다.

제24조 【규약 및 집회의 결의의 효력】
① 이 규약 및 관리단 집회의 결의는 입점자 등의 특별승계인에 대해도 효력이 있다.
② 입점자 등의 특별승계인은 이 규약 또는 관리단 집회의 결의에 따라 승계 전에 발생한 해당입점자 등의 채무 등 의무에 대해서도 책임을 진다.

제25조 【규약의 보관】
이 규약은 관리소장이 보관한다.

부칙

제1조 【시행일】
이 규약은 입점자 등이 전원 서명 날인한 날로부터 시행한다.

제2조 【경과 조치】
미분양된 전용부분 또는 분양 해약된 전용부분에 대해는 분양사업 주체를 해당 전용부분의 입점자 등으로 간주하며 분양사업주체가 법 또는 이 규약에서 정한 입점자 등의 권리의무를 가진다.

[별표 1]

규약 대상물

건물명칭				
건물위치				
대지면적	㎡	사업주체명		
사업승인일자	. . .	준공일자	. . .	
입점수	호	난방방식		
구조		등수		
층수	지상 층 / 지하 층			
연면적	㎡	건축면적		㎡

[별표 2]

관리비 등의 연체요율 (제21조 관련)

연체개월	1	2	3	4	5	6	7	8	9	10	11	12	1년 초과
연체요율 (%)	2	2	5	5	10	10	10	10	15	15	15	15	20
독촉비용의 일부 의제	연체료에는 연체기간 중에 발생하는 법정과실 상당액의 손해배상금 외에 관리주체가 관리비 등의 납부를 독촉하기 위해 제소 전에 지출한 비용(우편료·등기부열람 비용 및 기타 부대비용)이 포함된 것으로 본다.												

관리규약 동의서

[관리사무소 제출용]

○ ○ 빌 딩 :　　　　　　　호

소　유　자 :　　　　　　(인)

주민등록번호 :

위 본인은 이 관리규약의 내용에 동의하며 ○○빌딩 입점자로서의 권리와 의무를 성실히 준수함으로써 ○○빌딩의 쾌적한 환경유지에 적극 협조할 것입니다.

20　년　　월　　일

○○빌딩 관리사무소장 귀하

입주현황

○○빌딩

층/호	상호	분양 면적	입주일자	업종	비고

○○건물 정기회의 결과

- 일시 : 20   년   월   일   :   ~   :
- 장소 :
- 참석자 : 회장 외   명, 관리소장

1.
 –

2.
 –

3.
 –

4.
 –

5. 기타 협의 사항
 –
 –

빌라, 소형 오피스텔의 관리단 추인 동의서 샘플

대형 아파트와 같이 주택관리사가 상주하는 경우라면 모든 안건의 결정은 공동주택관리법에 따를 것이다. 그러나 비의무관리 대상인 소규모 아파트, 빌라, 오피스텔, 상가 같은 경우 모든 법규와 규정을 무시하고 자기들의 이익만 생각해 건물 입주자 간에 분쟁을 일으키는 경우가 많다. 그런 경험으로 소송을 해본 까닭에 소규모 건물만의 매뉴얼이 있었으면 하는 마음에 변호사의 일부 조언을 토대로 관리단 추인 동의서를 만들어보았다. 관리단 추인 동의서의 핵심은 구분소유주 또는 위임받은 세입자의 동의를 바탕으로 이루어졌다는 것의 소명, 두 번째는 관리단 추인을 위한 회의의 목적사항을 명확히 지켰다는 것을 확인시키는 데 있다.

다음의 관리단 추인 동의서는 동대표, 총무, 감사 등의 관리단 임원이 없거나, 해임, 변경했을 경우 사용할 수 있고, 이 모든 사항은 전체 입주자의 동의를 바탕으로 이루어진다는 것을 명심해야 한다.

관리단 추인 동의서

○○○○에 거주하는 구분소유자들(참석자 총 ○○명)은 20 . . 경 개최한 관리단 집회(반상회)와 입주자대표 후보등록을 한 구분소유주인

1.   (호 구분소유자), 생년월일(   )
2.   (호 구분소유자), 생년월일(   )
3.   (호 구분소유자), 생년월일(   )
4.   (호 구분소유자), 생년월일(   )
5.   (호 구분소유자), 생년월일(   )을

관리위원으로 선출함과 동시에 위 관리위원 중 _____를 관리인(회장)으로 선임했습니다. 다만, 위 관리단 집회를 소집하려면 관리단 집회일 1주일 전에 관리위원 및 관리인 선임에 관한 사항에 관해 각 구분소유자에게 개별적으로 서면통지를 해야 했으나, 여건상 그러하지 못하고 공용게시판에 게시하는 방법으로 후보등록을 받고, 위 관리단 집회(반상회)를 개최해 위와 같이 관리위원 및 관리인을 선임했습니다.

이러한 점을 너그럽게 이해해주시길 바라고, 이에 위 관리위원 및 관리인의 선임을 추인(인정)하는 의미로 이 〈건물 관리단 추인 동의서〉에 동의해주셨으면 합니다. 동의서는 경비실 또는 게시판에 있습니다.

20 . . .

첨부 서류

1. _____건물 관리인 및 관리위원 추인 동의서

NO	동 호수	구분소유주(성함)	연락처	서명 또는 날인(인)
1				
2				
3				
4				
5				
6				
7				
8				
9				
10				
11				
12				
13				
14				
15				
16				
17				
18				
19				
20				

분양건물의
최초 관리업체에 대한 안내

신축건물은 법령상 사업주체의 관리로부터 시작하게 되어 있다. 그도 그럴 것이 분양도 되기 전에 입주자대표회의나 관리단 모임이 생길 수 없기에 사업주체는 준공 시부터 자연스레 관리를 할 수밖에 없다. 그러나 개발 분양에 전념하는 사업주체 입장에서 생소한 관리 분야를 직접 한다는 것 또한 어불성설일 것이다. 그래서 대개 사업주체는 준공 전부터 사업주체 관리 요건에 따라 관리업체 계약을 하고, 관리를 위탁 대행시키며, 해당 관리계약에 관한 내용을 수분양자에게 알릴 의무가 있는 것이다. 다음의 내용은 그럴 경우 수분양자와 세입자들에게 최초 관리업체 선정과 간단한 계약관계에 대해 설명하는 일종의 안내문이다.

　　　　분양건물 사업주체 관리업체의 선임에 관한 안내문

1. 매도인(사업주체 이하 같음)은 입주세대의 편의 및 공용부분 관리를 위해 건물 관리업체 또는 기술자 등을 선정해 계약을 체결하려 합니다. 이 경우 세부 사항은 '건물 도급 계약서' 등에 따르고, 입주자대표회의 선임 시 잔여기간에 인계합니다. 기본 계약기간은 입주 90% 시점부터 2년으로 합니다.

　　　　관리단 총회 소집 관련 사항

2. 총회는 분양 총 51% 입주 후 관련 법률에 의거해 공개 게시 후 과반수 의결을 거쳐 정당하게 선출된 관리인(대표 등)을 인정합니다.

3. 신축분양 아파트 관리비예치금은 첫 월에만 부과합니다. 입주자가 입주 후 최초 관리비를 납부하기 이전의 기간 동안 단지 관리에 소요된 공용 금액을 징수하는 비용으로, 인건비를 포함한 미입주 기간의 일반 관리비, 전기료, 수도료, 난방비, 비품구입비 등의 공용 관리 비용입니다.

※ 근거 규정

주택법시행령 제49조제1항에 의해 징수 〉 주택법 제44조제1항 및 동시행령 제57조제1항 규정에 의해 시·도지사는 공동주택관리규약의 준칙을 정해야 한다. 〉 공동주택관리규약 제44조(관리비예치금) 〉 공동주택관리법 시행령 제24조 〉 동조항 : 공동주택관리법 제24조 관리비예치금

4. 관리비예치금은 공동주택 및 집합건물의 입주 초기에 공용부분 관리 및 운영에 필요한 재원을 마련하기 위한 금원에 불과하므로 신축분양 아파트 선수관리비(관리비예치금)는 추후 매매 시 매수인에게 정산받으시길 바랍니다.

5. 분양 시점부터 전체 입주 시점까지 이미 상당한 기간이 경과한 시점에서 소유권을 취득했다고 하더라도 선수관리비(관리비예치금)는 납부해야 합니다(대법원 판례, 공동주택관리법 시행령 제24조).

6. 수분양자는 꼭 부동산 종합 관리업체 선정 동의서를 분양 팀에 제출해주시기 바랍니다. 관리업체 선정 동의서가 없을 시 건물 관리업무가 불시에 종료될 수 있음을 알려드립니다.

신축건물 관리업체 선정 동의서 샘플

제1조 【부동산 종합 관리업체 선정 동의서】

관리대행인과 입주자(사용자) 쌍방은 아래 표시 부동산에 관해 다음 내용과 같이 합의해 공용 관리 대행계약을 체결한다.

1. 부동산의 표시							
소재지							
건물명	단지명					동수	
건물	구조	콘크리트구조물	용도	OP/주택/상가		총호수	
관리대행할 부분	공용부분						
2. 계약 내용							
제1조 위 부동산 종합 관리에 한해 (주)○○관리업체와 입주자(소유주 포함)는 합의에 의해 아래와 같이 계약하기로 확약한다.							
관리기간	동의기간은 본 단지(건물) 90% 입주 시부터 2년까지로 한다.						
종합관리	일반 관리비 ₩25,000 + 공용전기 외 승강기 등 용역비 별도 실비청구 그 외 입주자 협의						
관리업무	1. 일반업무(공용청소 주 2회, 공용 정기점검, 공용센서 등 무상교체, 관리비 고지서 발행) 그 외 입주자 협의 2. 안전업무(안전 관리자 선임(관리단), 안전 관리업체 계약 및 관리대행, 안전 관리자 비상 연락망 게시)						
지원업무	1. 하자보수청구 컨설팅 및 청구 시 수수료 7%						

제2조【신축분양에 해당하는 사항】

사업주체는 입주예정자의 과반수가 입주할 때까지 공동주택을 직접 관리하는 경우에는 입주예정자와 관리계약을 체결해야 하며, 그 관리계약에 의해 당해 공동주택의 공용부분 관리 및 운영 등에 필요한 비용(이하 '관리비예치금'이라 한다)을 징수할 수 있다(단, 첫 월에만 징수한다). 추후 매매 시 매수인에게 환급받는다(공동주택관리법 시행령 제24조).

제3조【관리운영 규정】

건물 전체 종업원의 관리 및 계약주체는 건물 '사용자'이다. 관리업체는 관리단(입주자, 소유자, 임차인)의 요청이 있을 경우, 관리에 관한 규정은 집합건물법 및 공동주택관리법과 지자체 관리규약을 준용해 관리단대표에게 성실하게 안내한다.

제4조【관리비 부과】

건물 관리에 필요해서 매월 발생하는 공용부분 관리비용은 상가를 제외하고, 전체세대 안분부과를 원칙으로 한다. 기준 평수 분할 부과 시 입주자 협의에 의해 관리비를 재산정한다. 관리인(관리주체) 및 사용자 간의 협의에 따른다(집합건물법 제38조).

제5조【관리주체】

건물의 관리주체는 사용자인 관리단이고, 계약, 관리, 사용자를 뜻한다.

제6조【손해배상】

건물 종업원 및 업체의 업무수행상 고의 또는 과실로 갑(사용자) 또는 병(대행인)에게 가한 손해에 대해 원상회복 또는 손해를 해당 종업원 및 업체에게 청구할 수 있다. 다만, 천재지변이나 전쟁, 사변, 소요 기타 불가항력에 의한 손해 및 손실은 청구할 수 없다.

제7조【회계 처리】

당사수금이 아닌 경우 관리인 선출 시 관리비 수금통장은 관리인 또는 건물통장으로 한다. 매월 10일 대행수수료 및 종업원(업체) 수납비용을 자동이체로 결산한다(공용 전기수도 등 그 외 수납비용은 매월 말일로 자동이체 신청한다).

제8조【계약 해지】

계약기간은 2년으로 한다. 다만, 기간 만료 전 2개월 이내 서면에 의한 특별한 의사표시가 없는 한 같은 조건으로 계약은 갱신된 것으로 본다. 당사자는 상대방의 귀책사유로 인해 더 이상 계약을 유지할 수 없다고 인정되는 경우에 상대방에게 서면으로 이 계약을 해지할 수 있다. 이 계약이 일방적으로 해지된 경우 책임 있는 관리단(사용자)에게 인건비, 용역비 등 손해배상을 청구할 수 있다.

제9조【휴무일】

상주 종업원 및 비상주(방재, 승강기, 전기 등) 하청업체의 휴무는 사용자인 관리단의 지시에 따른다. 본사는 주 5일제를 시행하고,

평일 6시를 마감시간으로 운영하며, 평일 국경일과 설, 추석 연휴 및 하계휴가 3일은 휴무이다.

※ **특약 사항**
  1. 공용 관리 비용은 전체 세대 안분부과를 원칙으로 하며, 미입주세대는 사업주체에 부과한다.
  2. 관리비 미납 시 연체율은 지자체 공동주택관리규약에 따른다.
  3. 관리업체의 업무는 공용 관리에 그 목적이 있다.
  4. 입주자(소유자, 임차인)는 건물 사용자이며 관리, 계약, 비용부담 등 협의사항은 사용자에게 의무가 있다.

본인은 해당 건물의 입주자(소유자 내지 임차인)로서 이 계약내용으로 (주)부동산 종합○○○○에서 관리함에 동의해 서명 날인하며, 관리 동의 기간 동안 매월 관리비를 성실히 납부할 것을 확약합니다.

년   월   일

갑: 소유자	호수(*)	동 호	입주일	월 일		인
	생년월일(*)		전화(*)	성명(*)		
대리인	호수(*)		관계(*)	성명(*)		

관리업체 : 주식회사 부동산 종합○○○○
법인사업자 : 582-○○ ○○○ 서울특별시 강남구 테헤란 ○○○○
대표번호 : 1670-○○○○   담당자 010-○○○○-○○○○

집합건물 관리 용역계약서 샘플

건물 관리 용역계약을 체결함에 있어, 위탁자(건물명)를 "갑", 수탁자(주식회사 ○○○○)를 '을', 구분소유자(임차인 포함)를 '병'이라 한다.

- **관리 대상물의 표시**

가. 집합건물(별첨 : 대상 시설 포함)

　　① 소재지 :

　　② 대지 :

　　③ 연면적 :

　　④ 건물 관리 대상 규모 : 지상 ○층, 지하 ○층

1. 관리업무는 제1조항을 따른다.
2. 계약기간 :　　　년　월　일 ~　　　년　월　일

3. 용역비 및 지급 방법

　가. 관리비 : 일반 관리비 세대당 _____원정

　　　일반 관리비 총 ____세대 / 총액 _____원정(VAT별도)

　나. "갑"은 "을"의 청구에 의해 매월 말 전항의 용역비를 지급한다.

　다. 신설 건물 계약 시 구분소유 50% 이상 분양 시 총회를 개최해 잔여 기간을 인수인계한다.

　라. 신설 건물 사업주체는 구분소유주 전원에게 분양 시 관리계약 사항을 의무로 전달해야 한다.

4. "갑"과 "을" 간에 이 집합건물 등에 대한 건물 관리 용역계약을 체결하고 이를 증명하기 위해 계약서 2통을 날인하고 각각 1통씩 보관한다.

년　월　일

위탁자(갑)　명칭(건물명)

　　　　　　주소(건물 주소)

　　　　　　• 관리단 회장　　(인)　생년월일　　연락처

　　　　　　• 관리단 총무　　(인)　생년월일　　연락처

　　　　　　• 사업 주체　　　(인)　사업자　　　연락처

수탁자(을)　주식회사　　　　사업자등록번호

　　　　　　경기도 부천시 원미구

　　　　　　대표이사　　　　(인)

제1조 【관리업무】

① 전기안전 관리자 선임, 방화관리자 선임, 승강기 안전 관리자 선임 등 법정 선임대행 및 건물 관리에 매월 소요되는 비용, 즉 일반 관리비(인건비 및 용역료, 선임료, 각종 대행료, 공과잡비, 공용수도료 및 공용전기료와 그 외 개별세대의 전기·수도요금)를 계산해 매월 각 소유자 및 실사용자에게 부과한다. 발생되는 비용은 "갑"이 부담한다.

② 관리자는 이러한 각종 안전대행 업무, 사무 행정업무, 시설 관리 및 청소, 경비보안, 전기·수도요금의 납부대행 및 징수대행 등의 업무를 하며, 모든 비용은 "갑"이 부담한다.

③ 장기수선충당금 및 미납, 입주자 간의 분쟁조정은 관리규약에 따라 운영하고, 모든 비용 발생 시 관리자는 입주자대표회의(관리단)의 결정하에 처리한다.

제1조-1 【관리업무】

최초 계약 시 "갑" 과 "을" 간에 협의된 견적서상 업무를 "을"은 성실히 이행한다. 위탁자(갑) :   (인) / 수탁자(을) : (주)○○이엔씨 (인)

제2조 【운영 범위】

"을"은 이 계약서 전면에 기재된 관리 대상물에 관해 선량한 관리자로서 신의성실의 원칙에 따라 견적 및 계약 내용을 성실히 수행해야 한다.

제3조【관리 대상의 현황 보고】

"을"은 다음의 내용을 작성하고, 요청 시 이를 "갑"에게 제출한다.
- 관리 대상의 연말 보고서(갑의 요청 시 연말일로부터 10일 이내 제출)

제4조【시설물 관리】

"을"이 시설 관리 중 시설물의 하자를 발견했을 때는 즉시 그 하자 및 응급조치 사항(응급조치를 행한 경우에 한함)을 "갑"에게 통보해야 하며, "갑"과 협의하에 개·보수를 해야 한다. 이에 대한 비용은 "갑"이 부담한다.

제5조【보안 경비】(보안인력 배치 시 적용)

① "을"은 건물 외곽 및 내부시설 경비 및 보안에 만전을 기해야 한다.
② 관리시설에 대한 예방정비를 철저히 해 제반 사고를 미연에 방지해야 한다.
③ "을"은 "갑"과 협의해 관리시설 등에 대한 관리운영 매뉴얼을 공동 작성하고, 이를 상시 비치해 해당 관리자가 이를 충분히 숙지하도록 해야 한다.

제6조【청소 등】

① "을"은 건물 관리에 필요한 청소 등 관리 용품을 비치해 사용할 수 있도록 해야 하며, 건물 내외부를 상시 청결한 상태로

유지한다. 관리 용품에 대한 비용은 "갑"이 부담한다.
② 영업장(상가) 내부 청소는 홀 바닥, 유리, 거울이 해당되고 휴지통을 비운다.
③ "을"은 주차 관리를 원활히 해야 한다(주차 관리인 배치가 없을 시, 입주자가 자치 관리한다).

제7조 【종업원 관리 등】

① "을"은 당 사업장에 근무하는 직원들의 신원을 보증하고, 건강한 자를 배치해야 한다.
② "을"은 근로기준법 등 노동법규를 준수해야 한다.
③ "갑"은 "을"의 직원에게 대기 장소와 기구, 비품, 자재, 적치 장소를 제공한다.

제7조-1 【근로기준법에 기초한 인건비】

(최저시급) 인상 시 "갑"은 시행령에 따라서 이 건물에 귀속된 근로자의 용역비를 인상된 시점을 기준일로 삼아 해당 월 용역비 지급 시부터 인상된 금액으로 조정해 "을"에게 지급한다. 단, 인상된 금액으로 조정이 불가피한 경우 인력의 구인, 면접, 채용, 근로 계약, 급여 지불 등 전반적인 업무를 "갑"이 직접 진행한다.

제8조 【"을"의 금지사항】

"을"은 다음 각 호의 행위를 해서는 아니 된다. 다만, 화재와 같은 재난이나 제3자의 위법한 침해로부터 당 사업장을 보호하고 방어하는 데 필요한 조치의 경우 또는 법규나 사회상규상 정당한 행위의 경우에는 그러하지 아니한다.

① 건물 내 입주자의 업무수행에 지장을 초래하는 행위
② 소관 업무 이외의 업무를 간섭하는 행위
③ 근무를 태만히 하는 행위
④ 건물 내 또는 주변에서 소란한 행동을 하는 행위
⑤ 업무수행 중에 취득한 사실이나 정보를 누설하는 행위

제9조【용역계약 해지 등】

① 계약의 기간은 'O'년 단위로 한다. 다만 기간 만료 전 2개월 이내에 서면에 의한 특별한 의사표시가 없는 한 같은 조건으로 계약은 자동갱신된 것으로 본다.
② 당사자는 상대방의 귀책사유로 인해 더 이상 계약을 유지할 수 없다고 인정되는 경우에 상대방에게 서면으로 이 계약을 해지할 수 있다.
③ 이 계약이 해지된 경우 책임 있는 당사자는 상대방에게 손해배상 책임을 부담한다.
④ "갑"의 일방적 해지 시 3개월간 일반 관리비를 계약해지 위약금으로 지급하며, '을'의 관리를 위한 투자 비용 및 입주자의 무상 관리 시 발생한 비용을 "갑"은 3일 이내 배상한다.

제10조【손해배상 등】

"을"은 업무수행상 "을" 또는 "을의 고용인"이 고의 또는 과실로

"갑" 또는 "병"에게 가한 손해에 대해 원상회복 또는 손해를 배상해야 한다. 다만, 화재와 같은 재난이나 제3자의 위법한 침해로부터 당 사업장을 보호하고 방어하는 데 필요한 조치의 경우, 또는 법규나 사회상규상 정당한 행위의 경우에는 그러하지 아니한다.

제11조 【면책사항】
"을"은 "갑" 또는 "병"이 아래 각 호에 명시된 사유로 손해를 입었을 경우에는 책임을 부담하지 않는다.
① 천재지변, 전쟁, 사변, 소요 기타 불가항력으로 손해 및 손실이 발생한 경우
② "을" 또는 "을의 고용인"의 책임 없는 사유로 손해가 발생한 경우

제12조 【기타】
① 이 계약과 관련해 계약당사자 간 의사표시는 서면으로 한다.
② 계약당사자 간 분쟁이 있을 경우 서울중앙법원을 통한다.
③ 이 계약서에 명시되지 않은 사항은 서면으로 추가 합의서를 작성하고, 이는 다른 특별한 의사표시가 없는 한 이 계약서와 동일한 효력이 있다.

제13조 【특이사항】
① 모든 인력의 급여 산정은 "갑"이 책정한다.
② 근로계약 및 채용은 "갑"이 하고, "을"은 징수대납(급여대납)

한다.
③ 관리비의 미납, 입주자 소음 및 분쟁은 서울시 주택관리규약 조례에 따른다.
　→ 혼합 관리 계약 시 용역수수료는 "관리비고지 부과 5일 전까지" 선입금되어야 한다.

※ 혼합 관리란?
위탁 관리와 직접 관리의 혼합 형식인 일부 도급 관리 방식으로 수탁자인 관리자 "을"은 "월 2회 점검·검침·부과" 용역 업무만 보고, 위탁자인 "갑"은 저렴한 수수료를 지급하며 그 외 업무는 갑이 한다.

위탁자(갑) 명칭 :　　　　　　　건물명
　　　　　주소 :
　　　　　계약자 :　　　　(인) 연락처 :　　 -　　 -

수탁자(을) 주식회사　　　　　사업자등록번호
　　　　　경기도 부천시 원미구 ○○○○
　　　　　대표이사　　　　　(인)

건물 위탁 관리 계약서
주식회사 ○○○○enc

년　　월　　일

반상회 회의록(일반) 샘플

일시: 년 월 일 (요일) 시간: 시
건물명칭: 장소:
안건 : 1.
  2.
  3.
  4.
  그 외 결정사항 :
집합건물법 제38조제1항. 집합건물법 제41조제1항(전자서명 제외)

- 법령 참조 -

구분소유주 및 점유자로써 위 결정에 동의합니다.

소유주	점유자	성명	연락처	서명
			— —	
			— —	
			— —	
			— —	
			— —	
			— —	
			— —	
			— —	
			— —	
			— —	
			— —	
			— —	
			— —	
			— —	
			— —	
			— —	
			— —	
			— —	
			— —	

변호사의 설명을 추가한 집합건물 관리 용역계약서 사례

부평 ○○건물 관리용역계약을 체결함에 있어 위탁자(부평 ○○ 관리단)를 "갑", 수탁자(주식회사○○○○)를 "을", 구분소유자(임차인 포함)를 "병"이라 한다.

☞ 변호사 설명 : 위탁자 및 수탁자는 "부평 ○○ 관리단"과 "주식회사○○○○"가 되어야 합니다. 만약 계약 당사자를 위 각 관리단 및 회사의 대표 개인으로 작성할 경우 계약상 법적분쟁 시 계약당사자가 대표 개인인지 관리단 및 회사가 되는지에 대한 문제가 발생할 수 있습니다.

1. 관리 대상물의 표시

  가. 부평 ○○ 집합건물(별첨 : 대상 시설 포함)

  (1) 소재지 : 인천시 부평구 부평동 외 4필지

  (2) 대지 : 1,000.8㎡

(3) 연면적 : 18,000.017㎡

(4) 건물 관리 대상 규모 : 지상 18층, 지하 6층(기계장비, 전기소방, 자동제어, 통신, 승강기, 주차설비, 방송, TV 안테나, 방범설비 등 시설물 일체 포함)

2. 계약기간 : 2017. 06.   ~ 2019.   .

3. 용역비 및 지급 방법

  가. 관리용역비 : 분양 평당 _____ 원정(부가세 별도)

  나. "갑"은 "을"의 청구에 의해 매월 말 전항의 용역비를 지급한다.

4. "갑"과 "을" 간에 부평 ○○ 집합건물 등에 대한 종합 관리 용역계약을 체결하고, 이를 증명하기 위해 계약서 2통을 날인하고 각각 1통씩 보관한다.

2017년 6월 ○○일

위탁자(갑) 부평 ○○관리단(고유번호 : ○○○-○○○-○○○)
                (인)
        인천시 부평구 부평동 ○○○○
        대표 :

수탁자(을) 주식회사   (인)
        경기도 부천시 원미구 ○○○○
        대표 이사 :

제1조 【운영 범위】

"을"은 이 계약서 전면에 기재된 관리 대상물에 관해 선량한 관리자로서 신의성실의 원칙에 따라 최적 관리 및 유지, 경비, 청소, 주차, 안내 등을 수행해야 한다.

제2조 【관리 대상의 현황 보고】

"을"은 아래 각 호를 작성하고, 이를 "갑"에게 제출한다.
1. 관리 대상의 현황 보고서(분기 말일로부터 10일 이내 제출)
2. "갑"의 요구에 기한 특정 관리 대상에 대한 보고서

제3조 【시설물 관리】

"을"이 시설 관리 중 시설물의 하자를 발견했을 때는 응급조치가 가능한 범위 내에서 필요한 응급조치를 취하고, 즉시 그 하자 및 응급조치 사항(응급조치를 행한 경우에 한함)을 "갑"에게 통보해야 하며, "갑"과 협의해 개·보수를 해야 한다. 이에 대한 비용은 "갑"이 부담한다.

☞ 변호사 설명 : 응급조치의 범위가 문제될 수 있으므로 이를 명시합니다. 용역계약인 점에서 비용은 '갑'이 부담하는 것으로 명시합니다.

제4조 【보안 경비】

① "을"은 건물 외곽 및 내부시설 경비 및 보안에 만전을 기해야 한다.

② 관리시설에 대한 예방정비를 철저히 해 제반 사고를 미연에 방지해야 한다.

③ "을"은 "갑"과 협의해 관리시설 등에 대한 관리 운영 매뉴얼을 작성하고, 이를 상시 비치해 해당 관리자가 이를 충분히 숙지하도록 해야 한다.

☞ 변호사 설명 : 관리 운영 매뉴얼은 '갑'과 '병'에게 영향을 미칠 수 있고, 매뉴얼 자체에 대한 책임 소재를 명확히 할 필요도 있으므로 '갑'과 협의하는 것이 좋습니다.

제5조【청소 등】

① "을"은 건물 관리에 필요한 청소 등 관리 용품을 비치해 사용할 수 있도록 해야 하며, 건물 내·외부를 상시 청결한 상태로 유지한다. 관리 용품에 대한 비용은 "갑"이 부담한다.

② 영업장 내부 청소는 홀 바닥, 유리, 거울이 해당되고 휴지통을 비운다.

③ "을"은 주차 관리를 원활히 해야 한다.

☞ 변호사 설명 : 용역계약이라는 점에서 비용 부담자를 명시해야 할 것입니다.

제6조【종업원 관리 등】

① "을"은 당 사업장에 근무하는 직원의 신원을 보증하고, 건강한 자를 배치한다.

② "을"은 근로기준법 등 노동법규를 준수해야 한다.

③ "을"은 소속 직원들에게 반드시 제복을 착용하도록 한다.
④ "갑"은 "을"의 직원에게 대기 장소와 기구, 비품, 자재, 적치 장소를 제공한다.

제7조 【"을"의 금지사항】

"을"은 다음의 각 호의 행위를 해서는 아니 된다. 다만, 화재와 같은 재난이나 제3자의 위법한 침해로부터 당 사업장을 보호하고 방어하는 데 필요한 조치의 경우 또는 법규나 사회상규상 정당한 행위의 경우에는 그러하지 아니한다.

① 건물 내 입주자의 업무수행에 지장을 초래하는 행위
② 소관 업무 이외의 업무를 간섭하는 행위
③ 근무를 태만히 하는 행위
④ 건물 내 또는 주변에서 소란한 행동을 하는 행위
⑤ 업무수행 중에 취득한 사실이나 정보를 누설하는 행위

☞ 변호사 설명 : 위급한 상황에서 능동적으로 대처할 수 있도록 면책 규정을 명시해야 상황에 따른 빠른 대처가 가능하기 때문에 위와 같은 내용을 명시했습니다.

제8조 【용역계약 해지 등】

① 계약 기간은 2년 단위로 한다. 다만 기간 만료 전 2개월 이내에 서면에 의한 특별한 의사표시가 없는 한 같은 조건으로 계약은 갱신된 것으로 본다.
② 당사자는 상대방의 귀책사유로 인해 더 이상 계약을 유지할

수 없다고 인정되는 경우에 상대방에게 서면으로 이 계약을 해지할 수 있다.

③ 이 계약이 해지된 경우 책임 있는 당사자는 상대방에게 손해 배상 책임을 부담한다.

☞ 변호사 설명 : 2개월 이내에 아무런 이유 없이 해지할 수 있도록 규정하면, 계약 갱신 규정이 무의미해지기 때문에 앞과 같이 변경합니다.

제9조【손해배상 등】

"을"은 업무수행상 "을" 또는 "을의 고용인"이 고의 또는 과실로 "갑" 또는 "병"에게 가한 손해에 대해 원상회복 또는 손해를 배상해야 한다. 다만, 화재와 같은 재난이나 제3자의 위법한 침해로부터 당 사업장을 보호하고 방어하는 데 필요한 조치의 경우, 또는 법규나 사회상규상 정당한 행위의 경우에는 그러하지 아니한다.

☞ 변호사 설명 : 제7조와 같은 취지에서, 위급한 상황에서 능동적으로 대처할 수 있도록 면책 규정을 명시해야, 상황에 따른 빠른 대처가 가능하기 때문에 이렇게 명시했습니다.

제10조【면책사항】

"을"은 "갑" 또는 "병"이 아래 각 호에 명시된 사유로 손해를 입었을 경우에는 책임을 부담하지 않는다.

① 천재지변, 전쟁, 사변, 소요 기타 불가항력으로 손해 및 손실이 발생한 경우

② "을" 또는 "을의 고용인"의 책임 없는 사유로 손해가 발생한 경우

제11조【계약이행 및 손해배상 보증】
"을"은 연간 도급 금액의 1/10에 해당하는 금액이나 계약이행증서를 계약과 동시에 "갑"에게 제출해야 한다.
☞ 변호사 설명 : 용역계약에서 이러한 규정이 필요한지 의문이므로 이 부분은 삭제하는 것이 좋을 듯합니다.

제12조【기타】
① 이 계약과 관련해 계약당사자 간 의사표시는 서면으로 한다.
② 계약당사자 간 분쟁이 있을 경우 서울중앙법원을 통한다.
③ 이 계약서에 명시되지 않은 사항은 서면으로 추가 합의서를 작성하고, 이는 다른 특별한 의사표시가 없는 한 이 계약서와 동일한 효력이 있다.

위탁자(갑) 부평　○○관리단(고유번호 : ○○○-○○○-○○○)
　　　　　　　　　(인)
　　　　　　인천시 부평구 부평동 ○○○○
　　　　　　대표 :

수탁자(을) 주식회사　　　　　(인)
　　　　　　경기도 부천시 원미구 ○○○○
　　　　　　대표 이사 :

PART 07

수익형 공동주택 하자보수 실무

2019년 공동주택의 하자보수 이권 상황

사례 1

울산지법은 아파트 하자보수금을 개인용도로 사용한 혐의(업무상 배임죄)로 기소된 A씨에게 징역 6개월에 집행유예 2년, 사회봉사 80시간을 선고했다고 밝혔다. A씨는 아파트 입주자대표 회장이던 2010년 재건축 아파트의 하자보수를 받지 않고, 건설사로부터 하자보수 공사대금 등의 명목으로 다섯 차례 3,000만 원을 받아 개인용도로 사용한 혐의로 기소되었다.

사례 2

8·28 전월세 대책 발표 이후 전용면적 85㎡이하 중소형 아파트를 중심으로 매매가 살아나고 있지만, 일정 규모 이상의 건설사들이 공급하는 아파트의 경우 공동주택관리 규약(주택법 제44조제2항 및 시행령 제57조제1항)에 따라 관리되고 있다. 반면 소규모 건설업체나 개인업자들

이 공급하는 연립주택·다세대주택은 관리 규정이 제대로 갖춰져 있지 않다. 가장 흔하게 발생하는 주택하자인 결로는 주로 외부와 직접 접하는 방 내부 외벽과 베란다 등에서 자주 발생하고 있다. 겨울철에는 결로로 인해 실내에 곰팡이가 피고, 이슬이 맺히는 현상이 생겨 세입자와 집주인의 다툼이 빈번히 벌어진다. 하자보수 기간 내에 연립주택·다세대주택에서 문제가 발생하면 시공자가 제공하는 '하자보증보험'을 이용하면 해결이 가능하다. 공동주택(아파트·연립·다세대)은 건축업자가 하자보증금 명목으로 건축시공비의 3%를 예치하게 돼 있다.

사례 3

 아파트에 생긴 0.3㎜ 미만의 미세한 균열도 하자로 인정해 시공사 측이 배상해야 한다고 법원이 판결했다. 서울중앙지법 민사 23부(부장판사 김현미)는 경기도 오산시의 E아파트 입주자대표회의가 D산업 등을 상대로 낸 하자보수보증금 청구소송에서 "업체들이 12억 6,600여만 원을 지급하라"고 판결했다고 밝혔다. 이 아파트는 18개 동 1360여 가구로 구성되어 있고, 2007년 6월 사용승인을 받았다. 하지만 시공사 측의 부실시공으로 아파트 외벽에 균열이 발생했다. 설계도면에 따라 시공하지 않은 게 문제였다. 옥상과 주차장, 저수조에도 균열이 발생했고, 집 안 바닥과 천장에서 물이 새기도 했다. 입주자 측은 시공사 등을 상대로 "하자보수금 약 20억 원을 달라"며 소송을 냈다. 시공사 측은 "콘크리트 설계 기준에 따라 0.3㎜ 미만의 균열은 특별한 보수가 필요 없다"며 "하자로 볼 수 없다"고 주장했다. 하지만 법원은 균열이 커질 가능성이 있다며 입주자 측의 손을 들어줬다.

사례 4

하자판정 기준은 외벽 외에도 기둥·보·내벽·지하구조물·지하옹벽·천정·슬라브·바닥 등 구조물별 허용균열 폭을 규정했다. 다만, 허용균열 폭 미만이라 해도 균열에서 물이 새어 나오거나 균열 안으로 철근이 지날 때는 하자로 인정된다. 이슬이 맺히는 결로는 설계도대로 시공되지 않았을 때 하자로 판정한다. 그러나 복도·실외기실 등 애초 단열재를 시공하지 않는 공간에 결로가 생기거나 입주자가 임의 설치한 시설물로 결로가 생길 때는 하자로 인정하지 않는다.

사례 5

시공·감리사에 보수를 요청했지만 연락이 끊기고 건축주는 나 몰라라 하며, 시청에서도 담당자가 바뀌고서야 제대로 설명하는 사례도 있었다. 보수 비용이 적은 19세대는 마감 부분 하자 비용도 없어서 하자심사분쟁조정위에 의뢰를 했으나, 단열재·타일·변기 등 하자 항목이 8개에 이르고, 처음부터 베란다확장 등 불법 분양을 한 것으로 밝혀졌다. 그런데도 시공사는 허가를 내준 시의 감리자 탓으로 돌리고, 건설사도 연락이 안 되는 등 서로 책임을 회피하는 사례가 빈번하게 발생하고 있다.

사례 6

울산지법은 업무상 횡령, 사기, 배임수재 혐의로 기소된 A(45·여)씨에 대해 징역 10개월에 추징금 8,700여만 원을 선고했다. 법원은 또 A씨에게 뇌물을 준 혐의(배임증재)로 아파트 하자보수전문업체 대표 B(52)씨에게 징역 6개월에 집행유예 1년, 재활용품수거업체 대표 C(46)씨에게 벌금 100만 원을 각각 명령했다. A씨는 울산 동구의 한 아파트 입주자회의 회장 및 직무대행으로 있으면서 2010년부터 2012년 사이 하자보수 공사와 재활용수거 등 일감을 몰아주는 대가로 업체로부터 총 8,700여만 원을 받은 혐의로 기소되었다.

사례 7

하자심사분쟁조정위에서 하자로 판정받은 내력구조부 또는 시설물에 대한 하자보수를 이행하지 않는 자에 대한 과태료 부과 기준이 500만 원에서 1,000만 원으로 상향된다. 현재 하자심사분쟁조정위로부터 하자가 있는 것으로 판정서 정본을 송달받으면, 사업주체는 즉시 하자보수 계획을 수립해 하자를 보수하도록 규정되어 있다. 하지만 하자보수 비용이 큰 경우 하자보수를 하지 않고 과태료를 내는 것이 오히려 이득일 수 있다는 지적을 감안해 과태료를 상향조정하게 되었다. 하자분쟁은 지난 2010년 69건에서 지난해 1,953건으로 급증 추세이다. 하자심사분쟁조정위는 하자분쟁의 신속한 처리를 위해 지난해 6월 확대·개편되었으며, 같은 해 12월 하자를 보다 꼼꼼하고 공정하게 판정할 수 있도록 '공동주택 하자의 조사, 보수비용 산정방법 및 하자판정기준'을 제정·운영 중이다.

사례 8

아파트의 하자로 인한 입주자 불만이 크게 늘고 있다. 이에 따라 건설사와 입주민 간의 분쟁조정 신청도 매년 2배 이상 증가하고 있다. 국토교통부는 내부의 하자심사분쟁조정위원회가 심사·조정을 하기 시작한 2010년부터 지난 7월까지 접수된 심사·조정 건이 총 3,738건에 이른다고 밝혔다. 연도별로 보면 2010년 69건이었으나, 2011년 327건, 2012년 836건, 2018년 1,953건으로 매년 2배 이상 급증했다. 2019년 7월 말 기준 553건의 신청이 들어왔다. 위원회 처리 결과 전체 신청 3,738건 중 55%인 2,059건은 건설사의 하자로 판정되었다. 하자는 건축과 관련된 것이 73%인 2,714건으로 가장 많았고, 기계 관련 하자가 21%로 뒤를 이었다. 이 조정신청 건들은 건설사의 하자보수와 금전배상 등으로 이어졌다.

한눈에 볼 수 있는 공동주택 하자보수 시장의 규모

❶ 주택법 제46조제1항 및 제59조(하자보수) 법령안
- 건축허가를 받아 분양을 목적으로 하는 공동주택을 건축한 건축주는 대통령령이 정하는 바에 의해 공동주택의 하자를 보수할 책임이 있다.
  ① 집합건물 관련 시장 : 로펌, 소송 시장(진단업체+공사업체+로펌)
  ② 주택법 관련 시장 : 하자보수 청구대행업체(진단기관, 건설, 미장, 방수, 컨설팅업체)
  ③ 기타 시장 : 상가, 공장, 항만, 다리, SOC 및 기타 하자보수 영역(2014년 12월 자료)

❷ 하자보수 연간 최저 시장

- 서울, 인천 지역 2005~2014년 기준 다세대 공급 규모
  - 월 평균 : 2,000동 공급(8세대 기준 1동)
  - 연 평균 : 20,000동 공급

❸ 서울보증보험 하자보증 청구 시장

- 서울, 인천 지역 하자보증금 청구 규모
  - 월 200억 원 이상, 연 2,000억 원 이상 규모
- 관련 법규
  - 집합건물법 제9조 : 민법 제667조 내지 제671조의 규정(민법 도급 편의 법 규정)
  - 공동주택관리법 주택법상 하자보수청구권 : 주택법 제46조(행정적인 절차를 규정)
  - 입주자대표회의에게 청구권을 인정, 하자담보기간 및 하자종류 등 규정

❹ 하자보증 청구 영업 형태

- 1단계 : (전단광고)필드영업 및 온라인 마케팅을 통한 입주자 및 입주자대표 발굴
- 2단계 : 발굴현장 반상회 참석 및 설명회(안내, 청구방법, 계약사항), 계약
- 3단계 : 전 세대 서류 및 하자내역 조사(이후 입주자대표가 나머지 서류 받아줌) 〉 서류접수 〉 보증금 청구 〉 보수공사 〉 완료

❺ 일반적인 하자보증금 사용
- 1단계 필수공사 : 옥상우레탄방수 또는 지붕슁글방수, 외벽창호 코팅 및 외벽발수공사
- 2단계 선택공사 : 내부단열 및 주차장에폭시 등 입주민 선택공사
- 3단계 기타공사

❻ 하자보수 수익 구조 및 시장
- 옥상우레탄방수 견적 : 평당 10~15만 원. 평준화 인력비 또는 하도급 비용을 제외한 차액
- 차액 수익의 실제 사례 : 빌라 1동 100~200만 원 수익 구조
- 수익 구조 장점 : 전액 현찰 공사, 계약금 선불지급 공사, 기존 보수업체 주먹구구식 관리

❼ 하자보수 주택시장의 변화
- 기존 시장 : 서민용으로 무관심했고, 나눠먹기식의 계약으로 날림 공사가 많았다. 이로 인해 민형사상 분쟁이 발생했고, 법령이 제정되었다.
- 현재 시장 : 소유주의 다변화, 밀레니엄세대의 등장, 도시형 등으로 다양화되었다. 또한 세대 변화에 따른 전문화와 분쟁을 거치며 투명화가 진행되고, 개인 재산권의 권리화 등으로 인해 전문 관리를 추구하게 되었다.

8 후방 성장분야 시장 및 부동산 종합서비스 발전 방안

- 건물 관리 + 하자보수 + AS + 구옥수리 + 부동산 임대 및 자산 관리 등과 토털서비스(웅진코웨이의 침대케어, 한경희 홈케어 사업 등), 함께 가는 부동산 관리(부동산114 협업) 등의 시장 변화를 통해 다양한 융·복합 사업의 원스톱서비스를 추구한다.

9 기회

- 서민공동주택 공급 확대, 건축 시장의 변화, 시장 확대
- 초기 투자 비용 제로, 전문교육 영업 가능, 전문성 보유
- 평생 1인 기업도 가능

하자보수란 무엇인가?

1 하자보수의 정의

하자보수란 건축 과정 중 과실로 인해 발생한 건축물의 하자를 보수하는 것을 말한다. 공동주택은 사업주체에게 보수책임이 있으며, 부담하는 하자의 범위, 내력구조별 및 시설공사별 하자담보 책임기간을 주택법령에 자세히 정해 놓았다. 입주자대표회의 등은 하자담보 책임기간 내에 하자가 발생한 것을 발견하면 사업주체에게 그 하자의 보수를 청구할 수 있다. 이 경우 사업주체는 하자보수를 청구받은 날로부터 15일 이내에 그 하자를 보수하거나 보수일정 등을 명시한 하자보수 계획을 입주자대표회의 등에 통보해야 한다.

〈공동주택의 하자보수〉

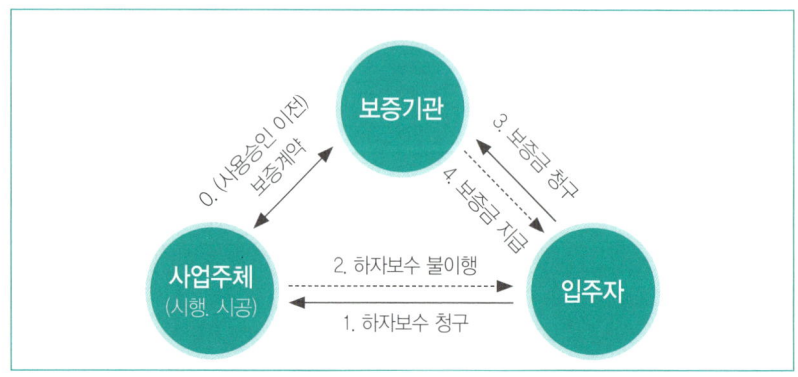

〈하자보수의 진행 과정〉

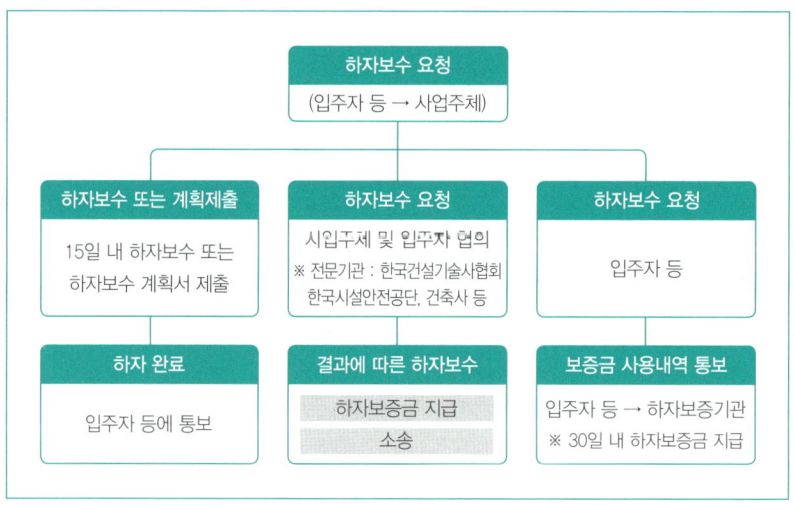

❷ 하자의 범위

- **내력구조부**

  공동주택 구조체의 일부 또는 전부가 붕괴되거나 구조안전상 위험을 초래하거나 그 위험을 초래할 우려가 있는 정도의 균열·침하 등 결함이 발생한 경우

- **지반공사**

  지정 및 기초공사 잘못으로 지반이 내려앉거나, 건물이 기울거나 침하되어 구조안전상 위험을 초래하거나 위험을 초래할 우려가 있는 정도의 결함이 발생한 경우

- **시설공사별 하자**

  공사상의 잘못으로 인한 균열·처짐·비틀림·들뜸·침하·파손·붕괴·누수·누출·탈락, 작동 또는 기능불량, 부착·접지 또는 결선 불량, 고사 및 입상 불량 등이 발생해 건축물 또는 시설물의 안전상·기능상 또는 미관상의 지장을 초래할 정도의 결함이 발생한 경우

❸ 부실시공과 하자

- **부실시공**

  관계법령 및 설계도서를 위반해 적정한 재료나 시간 따위를 지키지 아니하고, 불성실하게 시공하는 행위를 총칭

- **건축물 하자**

  건축의 '설계 단계부터 시공·완공 단계'에 이르기까지 일련의 과정에서 설계·시공 또는 감리를 잘못해서 완성된 건축물의 성상(성질과 상태)이 약정한 내용과 전부 또는 일부가 다르거나(성상 불일치), 구조적·기능적 또는 미관적으로 결함이 있거나(시설 결함), 거래 관념상 통상적으로 기대할 수 있는 수준의 품질이나 안전성을 결여한 (품질 결여) 상태

※ 하자 원인은 대체적으로 부실시공에 있지만, 예외적으로 준공 후 주변환경의 변화(굴착 등), 건축자재의 내구성, 기후변화, 사용자 부주의 등 복합적인 이유로 나타나는 결함도 있다. 따라서 하자 원인과 부실시공이 꼭 일치하는 것은 아니다.

❹ 보수의 필요성

분양받은 상가, 주상복합, 집합건물에 하자가 생겼을 때 처리에 있어 곤란한 경우가 많다. 분양 초기에는 건설사 서비스팀이 남아 있어 하자 발생 시 수리를 해주기 때문에 별다른 불편함을 느끼지 못하나, 1, 2년의 시간이 지나면서 서비스팀도 철수하고, 하자보수 요청을 해도 보수를 제대로 해주지 않아 문제가 되는 경우가 많다.

한눈에 보는 공동주택 하자담보책임제도 : 적용법률

〈하자담보책임의 기간〉

⟨집합건물의 적용법률⟩

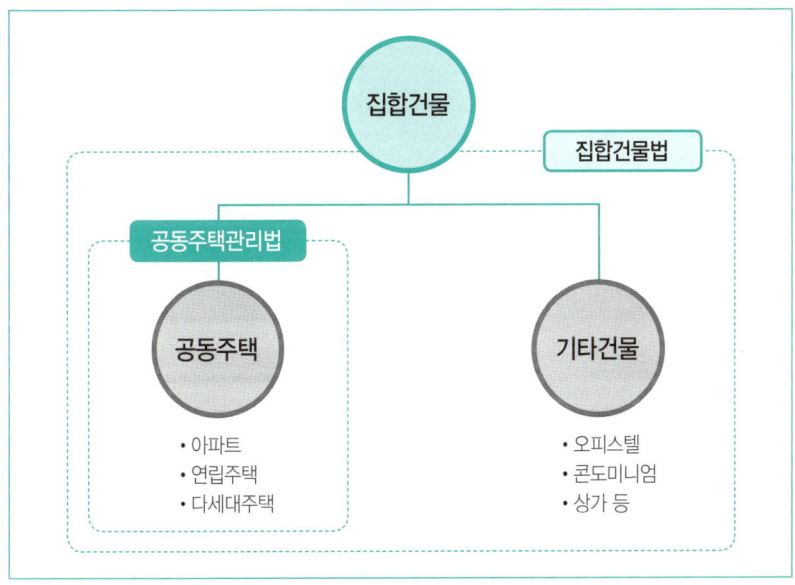

❶ 미규정 하자담보책임

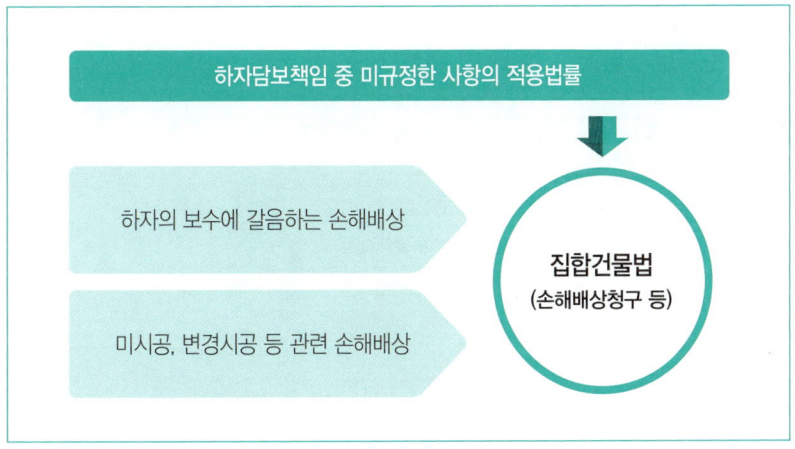

❷ 개정(2016.08.12) 전후 담보책임 비교

구분	종전		개선
	주택법	집합건물법	공동주택관리법
적용대상	공동주택, 단독주택, 주상복합건물	공동주택, 주상복합건축물, 오피스텔, 상가 등	주택법과 동일
하자보수	시행사+일괄시공자	분양자+시공자	주택법과 동일
손해배상	내력구조부 중대하자	분양자가 무자력인 경우 시공자가 손배책임	주택법과 동일
하자담보 책임기간	기둥·내력벽 : 10년 보·바닥·지붕 : 5년 기타 하자 : 1~4년	주요구조, 지반 : 10년 시설하자 : 2~5년 미시공 등 : 5년	집합건물법과 일치
기산일	전유부분 : 인도일 공용부분 : 사용검사일	좌동	주택법과 동일
하자담보 책임관계	–	주택법은 구분소유자에게 불리하지 않을 때만 효력 있음	–
담보책임 경과조치	–		2016.08.12 이후 사용 검사분부터 적용

❸ 하자보수보증금 예치 및 면제 대상

구분	사업주체	비고
예치대상	직접시공·분양한 자	시행자
	'건설산업기본법'에 따라 하자담보책임이 있는 자로서 시행자로부터 건설공사를 일괄 도급받아 시공한 자	시행자
	'건축법'에 따른 건축허가를 받아 분양목적으로 공동주택을 건축한 자	건축주
	공동주택을 증축·개축 또는 대수선한 자	시공자
	리모델링한 자	시공자
	공공임대주택을 준공 후 10년 이내에 분양전환하려는 자(공공주택사업자)	시행자
	사업주체가 부도·파산·사업포기 등의 사유로 공동주택을 완공할 수 없는 경우 → '주택공급에 관한 규칙' 제7조제1항 및 제27조	분양보증기관

면제대상	국가 · 지방자치단체 · 한국토지주택공사 · 지방공사	시행자
	공무원연금관리공단	시행자
	도급시공 · 분양을 한 자	시행자
	입주예정자('주택법' 제29조제3항제1호)가 사용검사를 신청하는 경우	입주예정자

④ 하자보수보증금 예치기관

은행법에 따른 은행, 보증금 지급을 보장하는 보증서 발급기관, 주택도시보증공사, 건설공제조합, 전문건설공제조합, 서울보증보험, 금융기관

⑤ 보증금 예치 명의

- 최초 : 사용검사권자
- 변경 : 입주자대표회의(구성 후 지체 없이) 또는 관리단

⑥ 보증서 보관

- 의무관리 공동주택 → 관리주체
- 비의무관리 공동주택 → 관리인

하자보수보증금의 범위(예치요율)

구분	산정 방법
대지조성과 함께 건설	{(총사업비−간접비)−대지의 조성 전 가격(토지 매입 등 가격)}×3/100
대지조성을 제외하고 건설	{(총사업비−간접비)−대지가격}×3/100
증축·개축·대수선	허가신청서 또는 허가신고서에 기재된 총사업비(간접비 제외)×3/100
리모델링	
건축법에 따라 건축허가를 받아 건설	사용승인 신청 당시의 '공공건설 임대주택분양 전환가격의 산정기준'에 의한 표준건축비를 적용하여 산출한 건축비×3/100

※ 간접비는 설계비, 관리비, 분담금, 부담금, 보상비, 일반분양 시설경비(견본주택의 시공비, 운영비 및 광고홍보비 제외)가 있고, 예치 기간은 사용검사일(=사용승인일)로부터 기산한다.

〈계약에 따른 집합건물법 구분〉

구분	건축물 종류	원인행위	사업승인(=건축허가)	집합법 사용 여부
분양계약	공동주택	건축물분양	주택법·건축법	O
	단독주택		주택법	X
	주상복합건물(주택부분)		주택법	O
도급계약	공동주택(리모델링)	공사도급	주택법	X
	공동주택(증축·개축·대수선)		주택법	X

※ 하자담보책임은 분양계약과 도급계약 모두 추급권이 있다. 매매 등으로 소유자가 변경된 경우 전득자가 청구권을 행사한다.

〈하자담보책임기간 적용〉

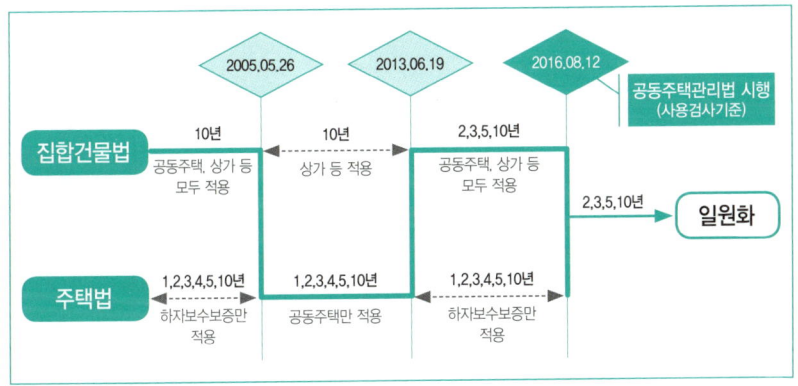

〈하자담보 책임기간〉

담보책임기간	구분 기준	공종
10년	구조안전(뼈대)	• 내력구조부(=건축법상 주요구조부) • 지반공사 (=지정 및 기초공사)
5년	구조상 또는 안전상	• 대지조성공사 • 철근콘크리트공사, 철골공사, 조적공사(건물 외부석 공사 포함) • 지붕공사, 방수공사의 하자 등
	가산일 전 발생	• 미시공, 변경시공 하자 → 집합건물법에 따름
3년	기능상 또는 미관상	• '건축법' 제2조제1항제4호에 따른 건축설비공사(이와 유사한 설비공사를 포함) • 옥외급수, 냉난방, 급배수, 가스, 전기, 신재생 에너지, 정보통신, 홈네트워크, 소방, 단열, 잡공사 • 목공사, 창호공사(커튼월 포함) 및 조경공사(조형물 포함)
2년	하자의 발견·교체 및 보수가 용이	

공동주택 하자보수 청구 및 권리

　구분소유자는 건축법 규정에 따른 건물의 주요 구조부 및 지반공사의 하자에 대해서는 10년 내에 하자담보책임을 물을 수 있고, 주요 구조부 및 지반공사 외의 하자는 5년의 범위에서 대통령령이 정하고 있는 기간 내에서만 하자담보책임을 물을 수 있다. 구분소유자는 하자보수를 청구하면서 손해배상을 청구할 수도 있으나, 시공자에게 손해배상을 청구하기 위해서는 분양자(시행)가 회생 절차 개시 신청, 파산, 해산, 무자력 또는 그 밖에 준하는 사유가 있는 경우에만 사용 가능하다(시공자가 이미 분양자에게 손해배상을 했다면, 그 범위에서 배상할 책임은 면제). 해당하는 공동주택 입주자대표회의 및 관리단 등의 청구에 따라서 사업주체가 해당 하자를 보수하도록 되어 있다.

　주택법 제46조 1항 제59조(하자보수), 주택법 시행령 제60조(하자보수보증금)에 따르면 사업주체, 건축허가를 받아 분양을 목적으로 하는 공동주택을 건축한 건축주는 대통령령이 정하는 바에 의해 공동주택의 하자를 보수할 책임이 있다. 제1항의 규정에 의한 사업주체(하자와 담보책임이 있는 자로서 사업주체로부터 건설공사를 일괄 도급받아 건설공사를 수행한 자가 따로 있는 경우에는 그 자를 말한다)는 대통령령이 정하는 바에 의해 하자보수보증금을 예치해야 한다. 다만, 국가·지방자치단체·대한주택공사 및 지방 공사인 사업주체의 경우에는 그러하지 아니하다.

　제1항의 규정에 의한 사업주체는 공동주택의 내력구조부에 중대한 하자가 발생한 때는 사용검사일(주택단지 안의 공동주택 전부에 대해 임시사용 승인을 얻는 경우에는 그 임시사용 승인일을 말한다)로부터 10년 이내

의 범위에서 이를 보수하고, 그로 인한 손해를 배상할 책임이 있다. 이 경우 구조별 하자보수기간과 하자의 범위는 대통령령으로 정한다.

시장·군수·구청장은 제3항의 규정에 의한 기간 이내에 공동주택의 구조안전에 중대한 하자가 있다고 인정하는 경우에 기관에 의뢰해 안전진단을 실시할 수 있다. 이 경우 안전진단의 대상·절차 및 비용 부담에 관한 사항과 안전진단 실시 기관의 범위 등에 관해 필요한 사항은 대통령령으로 정한다.

❶ 하자보수청구 시 준비자료

- 증거확보
    - 사진(근접 및 원거리 촬영) 및 동영상
    - A/S업체 접수 및 내용증명 발송, 관리사무소 하자접수를 통해 하자보수 요청
- 하자접수 자료 보관
    - 하자보수 요청자료 등 관련자료(청구날짜, 하자내용, 사진자료 등 청구 근거자료)는 입주민과 사업주체가 동일한 자료를 보관할 것

❷ 시행, 시공사의 하자보수 절차

- 하자보수청구 시 또는 하자진단결과 통보 시
    - 15일 이내 하자보수 또는 15일 이내에 하자보수 계획을 입주자대표회의 등에게 제출하고, 그 계획에 따라 하자보수. 다만, 하자가 아니라고 판단되는 사항은 이유를 기재한 서면을 통보

- 하자보수 계획서 기재사항
  - 하자 부위, 보수 방법, 보수 기간, 담당자 성명 및 연락처, 기타 필요한 사항
- 하자보수 결과 통보
  - 사업주체는 하자를 보수하고, 그 결과를 하자보수를 청구한 입주자대표회의 등에 통보

❸ 하자담보책임 종료절차(사전안내)

- 사업주체의 조치사항
  - 통보시기 : 만료 예정일 30일 전, 담보책임기간 만료를 통보
  - 통보사항 : 하자보수를 완료한 내용, 담보책임기간의 만료 전 하자보수를 신청하지 않으면 더 이상 하자보수를 청구할 수 없다는 사실
- 입주자대표회의 조치사항
  - 전유부분 : 담보책임기간이 만료되는 날까지 하자보수를 청구하도록 입주민에게 개별통지
  - 공용부분 : 담보책임기간이 만료되는 날까지 하자보수를 청구

❹ 하자담보책임 종료절차(하자보수 및 이의제기)

- 사업주체의 하자보수 : 담보책임기간 만료 후
- 보수 기한 : 청구를 받은 후 지체 없이 진행
- 결과 통보 : 보수 결과를 서면으로 통보. 단, 하자가 아니라고 판단한 사항에 대해서는 그 이유를 명확히 기재한 서면을 입주자 등에 통보

❺ 종료확인서 작성

- 전유부분
  - 작성자 : 입주자와 사업주체
  - 작성 시기 : 이의 제기한 시설의 하자보수가 끝난 때
- 공용부분
  - 작성자 : 입주자대표회의 회장(=관리인)과 사업주체
  - 작성 시기 : 이의 제기한 시설의 하자보수가 끝난 때
  - ※ 담보책임기간이 만료되기 전에 종료확인서 작성 불가
- 하자보수보증금의 예치와 증권 변경(관련 법령)
  - 주택법 제46조제2항에 따르면 사업주체는 건설산업기본법 제28조에 따라 하자담보책임이 있는 자로서 사업주체로부터 건설공사를 일괄 도급받아 건설공사를 수행한 자가 따로 있는 경우에는 하자보수보증금을 예치한다. 다만, 사업주체가 국가, 지방자치단체, 한국토지주택공사 및 지방공사인 경우에는 하자보수보증금을 예치하지 않는다.
  - 주택법 시행령 제60조제1항에 따르면 사업주체는 주택법 제29조에 따른 사용검사권자(시장·군수·구청장)가 지정하는 금융기관(은행법에 따른 은행을 말함. 이하 동일)에 현금 또는 다음의 어느 하나에 해당하는 하자보수보증금의 보증서 발급기관에서 발행하는 보증서를 사용검사권자의 명의로 예치하고, 그 예치증서를 사용검사 신청(단지 내 공동주택의 전부에 대해 임시 사용승인을 받으려는 경우에는 임시 사용승인 신청서, 임대주택법에 따른 분양전환 승인신청서, 분양전환 허가신청서, 또는 분양전환 신고서를 말

함) 시 제출해야 한다.
- 주택법 시행령 제60조제2항에 따르면 입주자대표회의('집합건물의 소유 및 관리에 관한 법률'에 따른 관리단을 포함. 이하 동일)가 구성된 때에는 지체 없이 하자보수보증금의 예치명의를 해당 입주자대표회의의 명의로 증권 변경해야 하며, 입주자대표회의는 사업주체의 하자보수책임이 종료되는 때까지 하자보수보증금을 금융기관에 예치해 보관해야 한다.

하자보수보증금 청구 및 용도

- 사업주체가 하자보수를 불이행 시 입주자대표회의(관리단)는 다음 서류를 첨부해 보증금을 청구한다.
- 보증금 용도제한 관련 서류 중 하나
- '하자판정기준'을 적용해 산출한 하자보수비용, 하자보수비용 산출내역서

    ※ 용도제한 관련 절차에서 비용이 미결정된 경우에만 해당된다.

❶ 하자보수보증금의 용도제한

보증금은 입주자대표회의가 직접 보수하거나 제3자에게 보수하게 하는 데 사용되는 경우로써 하자보수와 관련된 다음 각 호의 용도로 사용한다.

- 하자 여부 판정서 또는 재심의 결정서 정본에 따라 하자로 판정된 시설공사 등에 대한 하자보수 비용

- 조정서 정본에 따른 하자보수 비용
- 법원의 재판 결과에 따른 하자보수 비용
- 하자진단(법 제48조제1항) 결과에 따른 하자보수 비용

❷ 절차

입주자 등 청구 또는 하자진단결과 하자보수 불이행

- 15일 이내 하자보수 또는 보수 계획 제출
- 보수 계획(하자 부위, 보수방법, 기간) 이행 여부
- 하자 여부 판정서에 따른 하자보수 불이행
  - 최장 60일 이내(위원회가 보수기간 결정) 보수 여부. 보증금 청구 및 지급
  - 보증기관은 입주자대표회의가 보증금을 청구하면 하자진단(비용 산출 포함)을 입주자대표회의와 협의해서 실시, 그 결과를 첨부해 보증금을 청구하도록 안내 → 진단서를 첨부해 청구하면 30일 이내 지급
  - 조정서 또는 판결서를 첨부하면 이의 없이 지급
  - 하자여부 판정서를 첨부하면 보수비용 및 산출내역을 갖춘 경우 30일 이내 지급
  - 청구에 대한 이의가 있으면 위원회 조정 신청, 입주자대표회의는 조정에 응해야 함
  - ※ 청구금액에 이의가 있는 보증기관 및 사업주체는 30일 이내 국토교통부 분쟁조정위원회에 분쟁조정을 신청하고, 그 조정결과에 따라 지급한다.

❸ 하자보수보증금 집행

- 하자보수보증금 사업자 선정
    - 보증금 채권자인 입주자대표회의(비의무관리 단지), 관리단(비의무관리 단지)의 사업자 선정
    - 경쟁 입찰로 선정(의무관리 공동주택단지)

❹ 하자보수보증금을 사용하는 보수공사

사업주체로부터 지급받은 공동주택 공용부분 하자보수 비용을 사용해 보수하는 공사

※ 입주자대표회의의 감사가 입찰과정 참관을 원하는 경우 참관할 수 있도록 한다.

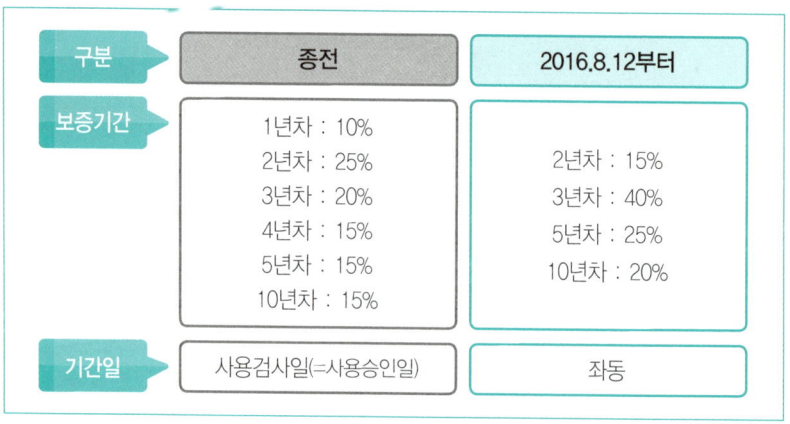

〈공동주택관리법 시행령 개정 전후〉

구분	종전	2016.8.12부터
보증기간	1년차 : 10% 2년차 : 25% 3년차 : 20% 4년차 : 15% 5년차 : 15% 10년차 : 15%	2년차 : 15% 3년차 : 40% 5년차 : 25% 10년차 : 20%
기간일	사용검사일(=사용승인일)	좌동

보증금 지급 및 이의제기 방법

하자보수보증금 보증기관은 청구일로부터 30일 이내에 지급한다. 이의가 있는 경우는 하자분쟁조정위원회에 분쟁조정을 신청하고 그 조정 결과에 따라 지급한다.

❶ 하자보수보증금 지급

- 지급 방법 : 금융기관에 계좌로 이체해 지급
- 관리 방법 : 지급받은 금융계좌로 입출금 관리금융계좌(예금통장)
  - 의무관리 단지 : 입주자대표회의 회장 인감과 관리사무소장의 직인을 복수로 등록한 금융계좌
  - 비의무관리 단지 : 관리인의 인감을 등록한 금융계좌. 단, 관리위원회가 구성된 경우는 위원회를 대표하는 자 1인과 관리인의 인감을 복수로 등록한 금융계좌
  ※ 보증금을 지급받기 전에 미리 하자보수 공사를 하는 사업자를 선정하는 것은 금지. 보증금 사용 후 30일 이내 사업주체에 사용명세 통지

❷ 사용용도 및 과태료

- 주택법 제46조제7항에 따르면 입주자대표회의 등은 하자보수보증금을 하자심사·분쟁조정위원회의 하자여부 판정에 따른 하자보수비용 등을 대통령령으로 정하는 용도로만 사용해야 한다.
- 주택법 제60조의2에 따르면 대통령령으로 정하는 하자보수비용의

용도는 다음 각 호를 말한다.
- 주택법 시행령 제101조제1항제1호에 따르면 하자보수보증금을 용도 외의 목적으로 사용한 경우에는 2,000만 원 이하의 과태료를 부과할 수 있다.

❸ 관련 규정 위반 과태료

하자보수보증금 사용 후 30일 이내에 지자체에 신고한다. 미신고할 경우 500만 원 이하의 과태료(대표자)를 부과한다. 하자보수보증금의 용도도 제한되는데, 하자보수보증금을 하자보수 외 용도로 사용 시 2,000만 원의 과태료를 부과한다.

❹ 시행·시공사와의 하자보수 분쟁 또는 소송 시

- 국토교통부 분쟁조정위원회에 하자심사 또는 분쟁조정 신청(단, 하자담보책임기간 내에 발생해 사업주체에게 하자보수를 청구한 하자에 한함)
- 하자심사를 통해 공정한 절차에 따라 하자 여부에 대한 확인 가능
- 분쟁조정을 통해 보수범위 및 공사방법, 기타 하자로 발생한 손해 등의 조정 가능
- 법원에 소송 제기 가능
    * 하자심사·분쟁조정위원회 대표번호 : 031-428-1833
    * 온라인 문의 : 하자 관리정보시스템(www.adc.go.kr)
    * 아파트 관리 부분 상담
    - 중앙공동주택관리 지원센터 : 1600-7004
    - 중앙공동주택관리 분쟁조정위원회

❺ 국토교통부 하자심사 분쟁조정 안내

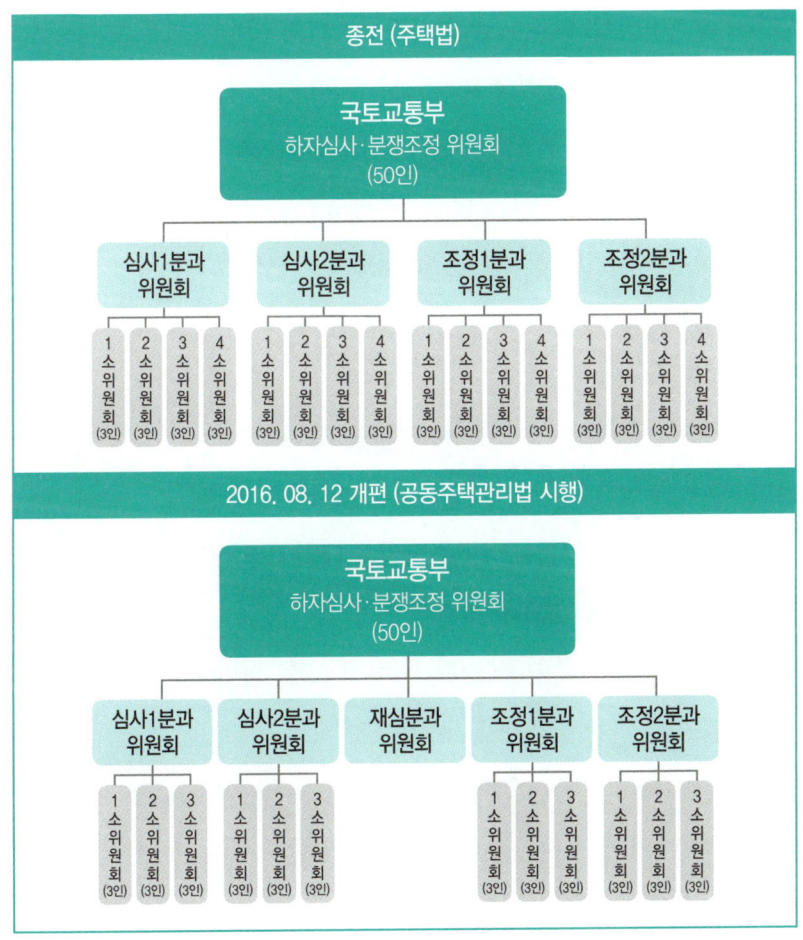

❻ 하자심사, 분쟁조정 신청 안내

하자심사 신청서 또는 분쟁조정 신청서를 전유부분과 공용부분을 구분해 신청하되, 다음 각 호의 서류를 첨부하고, 피신청인 인원수에 맞춰 부분 제출한다.

- 구비서류
    - 교섭경위서 : 최초 보수 청구, 최종 협의(답변)한 내용 등
    - 하자발생사실 증명자료 : 컬러사진 및 설명자료 등
    - 하자보증서 사본 : 보증기관이 당사자인 경우 제출
    - 신청인의 신분증 사본(법인은 인감증명서). 단, 대리인이 신청 시 신청인의 위임장 및 신분증, 법인의 직원은 재직증명서
    - 입주자대표회의는 구성 신고를 증명하는 서류
    - 관리사무소장은 관리소장 배치 및 직인 신고증명서 사본
    - 관리단은 관리인을 선임한 증명서류

❼ 국토교통부 하자여부 판정 결과에 대한 이의신청

- 하자 여부 판정 결과에 대해 이의가 있는 입주자 또는 사업주체는 하자 여부 판정서를 송달받은 날부터 30일 이내에 신청. 안전진단기관 또는 관계 전문가가 작성한 의견서를 첨부
    ※ 여기서 안전진단기관이란 하자진단기관을 말하고, 관계 전문가란 이의 제기 사건 관련 전문가를 말한다. 예를 들면, 법률(변호사), 설계(건축사), 시공(기술사) 등의 사업자가 이에 해당한다.
- 이의신청에 대한 처리 과정
    - 이의신청 사건은 재심분과위원회에서 독립해 처리
    - 처리기간은 하자심사 처리기간과 동일
    - 의결정족수 : 재심분과위원회 출석위원 2/3 찬성
    ※ 심사기일에 당사자 및 관계 전문가 등도 그 자리에 출석한다.

하자보수보증금 청구와 소송의 장단점

〈하자보수보증금 청구와 소송의 장단점〉

구분	하자보수보증금 청구	하자소송
방법	• 관리단의 주관으로 하자 진단 및 보수업체 선정 • 보증사의 현금변제 요청 • 관리단 주관으로 하자공사 진행	• 관리단 주관으로 하자진단 및 보수업체, 전문변호사 선임 • 손해배상 청구소송 • 법원 감정으로 하자판정
장점	• 보상금 수령까지 단기소요 • 보수공사 시 숙원사업공사 등 융통성 • 단기간 보수 마무리로 확대 방지 • 추가하자 발생 시 추가 청구 가능 • 보상 후 추가 소송 가능	• 하자의 진위여부에 대한 논란 불필요 • 하자의 근본적인 대안을 법률적 판단으로 받을 수 있음 • 입주자대표회의가 입주민으로부터 신뢰를 얻을 수 있음
단점	• 하자 외(미시공, 오시공, 설계상 하자 및 기타) 보상 결여	• 장기간 소요(3심까지 약 2년 6개월 이상) • 소송비용 소요(승소액의 30% 내외) • 판결 확정 시까지 보수공사중단 • 긴급하자 발생 시 자체 보수 • 소장 접수 후 판결까지 발생되는 연차별 하자 누락

소송 시 유의사항

사용 검사 2년 경과 시점에 입주자대표회의는 보증금청구 및 협상 또는 소송을 선택한다. 하자진단 보고서 작성에 2~3개월이 소요되고, 하자진단 결과에 따라 소송 여부에 대한 입주민 동의 절차가 필요하다.
- 협상 시 통상 소송 승소 금액의 60% 협의(평균)
- 소송 비용은 소송 금액에 따라 차이
- 협상을 하더라도 소송을 전제로 한 협상을 해야 유리

(1) 하자판정의 일반 용어 정리

① 하자심사

하자심사란 건축물의 내력구조부별 또는 각종 시설물별로 발생하는 하자의 존부(存否) 또는 정부(正否)에 관한 의문이나 다툼이 있는 사건에 대해 하자심사·분쟁조정위원회에서 하자 여부를 판정하는 것을 말한다.

② 분쟁조정

건축물의 하자와 관련된 민사에 관한 분쟁을 재판에 비해 간단한 절차에 따라 당사자 간에 상호양해를 통해 관계법규 및 조리를 바탕으로 실정에 맞게 해결하는 것을 말한다.

③ 시공 하자

건축물 또는 시설물을 해당 설계도서대로 시공했으나, 내구성, 내마모성 및 강도 등이 부족해 품질을 제대로 갖추지 아니했거나, 끝마무리

를 제대로 하지 아니해 안전상, 기능상 또는 미관상 지장을 초래할 정도의 결함이 발생한 것을 말한다.

④ 미시공 하자

주택법 제33조에 따른 설계도서 작성기준과 해당 설계도서의 시공기준에 따라 공동주택의 내력구조별 또는 시설공사별로 구분되는 어느 공종의 전부 또는 일부를 시공하지 아니해 그 건축물 또는 시설물(제작, 설치, 시공하는 제품 포함)이 안전상, 기능상 또는 미관상의 지장을 초래하는 것을 말한다.

⑤ 변경시공 하자

건축물 또는 시설물이 다음 각 목의 어느 하나에 해당해 그 건축물 또는 시설물의 안전상, 기능상 또는 미관상 지장을 초래할 정도의 하자를 말한다.

- 관계 법규에 설치하도록 규정된 시설물 또는 설계도서에 명기된 시설물의 규격과 성능 및 재질에 미달(하자 있는 자재로 설치 시공한 경우를 포함)하는 경우
- 설계도서에 명기된 시설물과 다른 저급 자재로 시공된 경우
  - 설계도서와 현재 시공 상태를 비교해 조사
  - 특별히 약정한 계약내용(계약내용에 편입되는 분양안내서 및 홍보책자 등을 포함)이 있는 경우에는 그 자료와 비교해 조사
  - 특별히 약정한 자료는 이를 주장하는 자가 입증(입주자에 통보해 바뀐 자재 등)

(2) 설계도서 등의 적용 순서

① 건축물 또는 시설물의 하자 여부는 사용 검사를 받은 설계도서를 기준으로 판정

② 제1항에도 불구하고 내장재료 및 외장재료의 품질이 입주자 모집 공고 및 주택 공급계약 체결 당시의 설계도서 기준에 미달되는 경우에는 그 설계도서를 기준으로 하자 여부를 판정. 다만, 내장재료 및 외장재료의 변경사항에 대해 명기하고 변경승인을 받았거나, 입주예정자로부터 통지해 동의를 받았거나, 사전에 고지하고 입주예정자가 이의를 제기하지 아니한 경우에는 예외

③ 제1항 및 제2항에도 불구하고 주택법 제16조에 따른 사업계획승인 또는 건축법 제11조에 따른 건축허가를 받은 설계도서대로 시공하기로 입주자에게 광고한 경우, 분양안내서 등을 제공한 경우 또는 특별히 약정한 경우에는 그에 따를 것

(3) 설계도서 등의 적용순서 2

① 하자심사 또는 분쟁조정을 할 때 설계도서 등의 내용이 서로 일치하지 아니하는 경우에는 다음 각 호의 순서에 따라 하자 여부를 판정
- 주택공급계약서
- 견본주택
- 계약자 배포용 분양책자(Catalog)
- 특별(공사) 시방서
- 설계도면

- 일반 시방서·표준 시방서
- 수량산출 내역서, 구조 및 설비 등의 계산서

② 제1항제5호에 따른 설계도면의 '평면도·재입면도·재단면도·재구조도·재상세도 및 재료마감표 등' 도면이 서로 일치하지 아니할 때에는 규격·재료 등을 명확하게 기재한 도면을 적용

③ 설계도서 등에 명기된 제품 및 자재에 비해 상향 시공된 시설에 하자가 발생해 교체하거나 보수하는 경우에는 그 상향 시공된 제품을 기준으로 하자여부를 판정. 다만, 조경공사의 경우에는 설계도서에 명기된 조경수의 주종 및 규격이 기준

시설공사별 하자판정 기준

콘크리트 보수균열 하자(판정기준 제7조)

- 보수균열폭 : 건조 환경(0.4mm 이상), 습윤 환경(0.3mm 이상, 물탱크실 0.1mm 이상)
- 보수균열폭에 상관없이 보수할 균열로 보는 경우
  ① 누수를 동반하는 균열
  ② 철근이 배근된 위치에 철근길 방향으로 발생한 균열, 철근 노출
- 천장의 경우, 마감으로 인해 미관상 균열의 보수는 불필요하나, 내부 발코니 등 노출 천장 슬래브는 미관상 0.3mm 이상
- 물탱크실의 경우, 내부에 PVC 및 FTP 등의 재료를 이용해 물탱크를 설치하지 않은 경우에는 콘크리트의 수밀성 보수균열폭(0.1mm 이상)이 기준. 다만, 내부에 별도로 물탱크를 설치했을 경우에는 건조 환경으로 판단해 0.4mm 이상의 균열이 기준

미세균열 하자(판정기준 제9조)

- 현행은 하자담보책임기간이 4년(구조체는 5, 10년)인 철근콘크리트 공사에 대한 보수균열폭(종전의 허용균열폭)은 규정하고, 미장균열의 보수균열폭은 미규정
- 미장공사의 하자담보책임기간(1년) 내에 외부 노출된 미장 부위에 발생하는 미세균열(경사균열·수직균열·수평균열) 및 망상균열(Crazing)은 건축물의 외관상 미관에 지장을 초래하므로 도장 보수를 위해 미관상 하자로 판단

PD 및 AD내 조적벽체 미장누락(판정기준 제14조)

- 현행은 PD(Pipe Duct) 및 AD(Air Duct) 내의 조적벽체에 미장을 누락한 경우에 대한 하자판단 기준이 없으나, 법원은 이를 하자로 판결
- PD 등 상하 관통되는 벽체에 모르타르 초벌 바름을 누락 시 미시공 하자로 판결
- '해충 및 취기 방지'를 위해 AD내의 조적벽체에 미장 누락 시 하자로 판정하되, AD 내에 배기관을 설치한 경우 하자에서 제외
- PD는 외부 면을 미장한 경우 하자에서 제외

결로 하자(판정기준 제15조)

❶ 벽체의 단열 공간

- 열화상 카메라로 측정해 단열 성능이 취약한 부위는 하자로 판단. 단, 모서리 부위는 일자형(평면) 벽체와 다르게 실내 측 벽체 면적에 비해 외기 측의 벽체 면적이 넓은 점을 고려
- 열화상 카메라로 측정 결과에 대한 이의제기 시 마감재를 해체해 육안 조사

❷ 벽체의 비단열 공간(판정기준 제15조)

- 비단열 공간인 발코니 등의 벽체는 건축법상으로는 외부공간에 해당되어 결로 하자에서 제외. 입주자 유지 관리사항으로 판단

❸ 창호의 단열 공간(판정기준 제15조)

- 단열 공간 창호에 발생한 결로
  - 창호의 모헤어(Mo Hair) 및 풍지판(창문 상하부의 창틀 부위에 외풍을 차단하는 역할을 하는 고무판 등) 등의 시공 상태가 불량해 기밀성이 현저히 저하된 때
  - 창문틀 주위에 모르타르 또는 우레탄폼 등을 제대로 채우지 아니한 때
  - 창호 시험성적서에 기재된 창호 성능이 〈에너지절약계획서〉와 '건축물의 설비기준 등에 관한 규칙'(2013.09.02부터는 '건축물의 에너지절약 설계기준')에 미달하는 때

④ 벽체의 비단열 공간(판정기준 제15조)

- 비단열 공간의 벽체·천장·창호 또는 입주자 등이 설치·시공한 시설물에서 결로가 발생한 경우에는 입주자 등의 유지 관리사항으로 판단
- 다만, 도장이 탈락된 경우 그 부위는 부분도장을 위해 하자로 판단

⑤ 욕실 문턱 높이 부족 시공(판정기준 제17조)

- 설계도면에 욕실 깊이만 표시된 경우에는 문턱에서 측정된 단차가 배수구에서 문턱이 있는 벽체까지의 최단 직선거리 물매 100분의 1을 뺀 값에 미달하는 때
- 설계도면에 문턱 단차가 표시된 경우에는 문턱의 단차 치수에 미달하는 때
- 설계도면에 욕실 문턱의 단차 또는 깊이에 대한 표시가 없는 경우에는 물청소 시, 물이 넘치지 않을 정도의 높이인 50mm 깊이에 미달하는 때

⑥ 욕실 거울 변색(판정기준 제17조)

- 욕실 거울 부식방지를 위한 코팅처리가 되지 않아 변색된 경우 시공 하자로 판단
- 다만 입주자의 사용상 잘못이 인정되는 경우에는 하자에서 제외

⑦ 바닥 타일 들뜸 및 균열(판정기준 제18조)

- 현행은 벽체 타일의 균열·들뜸에 관한 하자판정 기준은 있으나,

바닥 타일에 관한 하자판정 기준은 없다.
- 바닥 타일의 들뜸, 균열 현상과 뒤채움이 부족한 경우는 하자로 판단

❽ 창호 작동 불량 하자(판정기준 제22조)

- 창호의 틀과 짝의 수직·수평 및 닫힘 상태가 불량해 문을 열고 닫는 것이 용이하지 않은 경우
- 기밀성이 현저히 떨어지는 등 기능상 지장을 초래할 경우에는 시공 하자로 판단

※ LH전문시방서에는 창호 및 창호틀의 수직 및 수평 허용오차가 ±3mm

- 설계도면에 창호 손잡이가 표기된 경우뿐만 아니라 설계도면에 창호 손잡이 표기를 누락한 경우라도 손잡이를 미설치한 것은 하자로 판단
  - (기능상 하자) 창호의 개폐를 위한 손잡이 또는 홈이 없는 경우
  - (적용 대상) 바닥에서부터 천장까지 트여 있는 부위의 미서기문·미닫이문
- 침실 여닫이문의 하부에 문턱이 없는 경우에는 다음에 해당하면 시공 하자로 판단
  - 그 여닫이문의 하부와 바닥 간 틈새가 큰 경우
  - 틈새를 최소화할 수 있는 장치(모헤어, 고무재질 등)를 설치하지 않은 경우

CCTV 사각지대 발생(판정기준 제29조)

- 주택법, 주차장법 및 설계도서에 따라 폐쇄회로 CCTV를 설치하지 아니한 것은 미시공 하자로 판단
- 설치한 CCTV 카메라의 기능이 현저히 낮거나, 전체 또는 주요 부분의 조망 및 식별이 어려운 경우에는 현장 상황에 따라 시공 하자로 판단 가능
- 자주식 주차장의 사람 및 차량의 주요 이동 동선에는 사각지대가 있는 경우에 특별한 사유가 없는 한 시공 하자로 판단

조경수 고사 기준(판정기준 제30조)

- 조경수는 수관부의 가지 2/3 이상이 마르거나, 지엽(枝葉) 등의 생육 상태가 회복하기 어려울 정도로 불량하다고 인정되는 경우 고사(枯死) 된 것으로 간주해 시공 하자로 판단
- 지주목의 지지상태가 불량해 쓰러진 조경수
- 지주목이 부러지는 등 하자 있는 지주목을 사용해 쓰러진 조경수

하자 있는 자재 사용(판정기준 제2조제6호)

- 준공 전 훼손된 난방배관을 그대로 시공하는 등 하자 있는 자재를 사용한 경우
- 작업자 부주의로 난방배관 및 급탕배관 등에 핀(Tacker Pin 또는 U Pin) 등이 박힌 상태로 공사를 완료, 입주 후 3~4년이 지난 후 그 부위에서 누수 발생

※ 이 자료는 하자심사·분쟁조정위원회 자료로 2017년 이후 사항은 개정안을 참고 바람

부동산 종합서비스의 필요성

가까운 일본의 부동산 종합서비스 발생 사례를 보면 버블사태 이전과 이후로 나뉜다. 버블 사태 이전(주택개발과 분양중심의 부동산 산업)에 일본은 제2차 세계대전 후 도시, 거주, 산업 관련 시설의 재건과 함께 한국전쟁의 발발로 자원과 물자 등이 국내로 유입되면서 개발과 분양을 중심으로 부동산업이 발전하게 된다. 특히, 도쿄 올림픽 개최에 앞서 막대한 인프라 구축을 위해 부동산 개발업이 비약적으로 발전하게 되었다.

1980년대 말까지 일본의 개발업체들은 금융기관으로부터 자금을 조달해 토지를 대거 매입하고, 아파트 단지를 개발했다. 1980년 중반에 도쿄의 국제금융센티화에 따라 오피스 수요 급증을 예상한 일본은 오피스 빌딩을 적극적으로 개발하면서 도심의 오피스 공급 과잉을 초래했다. 일본 정부는 1989년 부동산 가격 급등을 규제하기 위해 토지기본법을 제정했고, 이후 1990년대 초 예상치 못한 부동산 버블 붕괴로 이어졌다.

 1980년대에 지어진 오피스 건물들은 공실률 증가와 낮은 임대료가 지속되었고, 일본의 부동산 서비스 산업은 버블 붕괴로 인해 경영 곤란 및 개발 산업 곤란에 직면해 많은 기업들이 파산에 이르게 된다. 한국도 IMF를 겪었듯이 이 시기에 많은 기업들이 문을 닫아야 했고, 그 시기에 살아남은 기업들도 있었다. 2000년대까지 살아남은 부동산 기업들은 생존을 위해 다양한 사업확장으로 중개, 임대, 판매, 호텔, 레저, 쇼핑, 해외건설, 설계, 관리 등으로 사업을 다각화한다. 이러한 사업 다각화는 곧 일본 부동산 서비스 기업들이 종합서비스업체로 자연스럽게 발전하는 계기가 되었다.

 앞서 언급했듯이 과거 일본처럼 한국에서도 부동산에 대한 패러다임이 소유에서 임대로 바뀌기 시작했고, 부동산이 개발 분양에서 관리로 전환되는 시점에서 고령화와 인구감소으로 인해 새로운 건물을 개발하는 부동산업은 앞으로 입지가 줄어들 것으로 보인다. 개발, 분양에서 벗어나 기존의 건물을 유지 관리하는 사업방향으로 흘러갈 것으로 예상하는 현 상황이기에 앞서 설명했던 대기업들과 같이 종합서비스 영역으로 더욱 다가가야 한다. 천정부지로 치솟는 부동산 가격을 제어하기 위한 정부정책은 부동산 산업으로의 자금유입을 막기 위해 각종 정책을 펼치고 있다. 하지만 현재 부동산 시장의 위축과 더불어 일부 시장의 호가를 양산하고, 이어진 경기 한파 등 부동산 개발과 매매만으로는 더 이상 부동산 시장에서 살아남기 힘든 상황이 벌어질 것이다. 따라서 안정된 수익을 창출하고 다양한 서비스를 제공하는 종합서비스가 대세로 등장할 것이라고 전망한다.

국내에서 건축 연한이 20년 이상 된 아파트가 전체의 33.3%이며, 향후 10년 이내에 66.6%를 차지할 것으로 예상되는 만큼 부동산 중개와 개보수 사업을 연계한 부동산 종합서비스가 출현할 여건이 조성 중에 있다. 가까운 일본은 노후화된 주택 개보수 수요증가에 맞춰서 2012년에 '중고주택 리폼 플랜'을 수립해 부동산 사업자와 리폼 사업자가 연계해 '리폼 중개 네트워크 시스템'을 구축하고, 중고주택 개보수 사업과 연계한 부동산 종합서비스를 제공했다.

미국 부동산의 경우 부동산 중개 프랜차이즈 회사가 다수 성장했으며, 이들 업체는 지역에 기반한 중개 회원사를 통해 표준화된 서비스, 교육 프로그램 등을 자체적으로 제공함으로써, 지역 회원사의 부동산 서비스의 질적 수준을 향상시켰고, 그로 인해 소비자의 요구에 부응할 수 있었다.

현재 한국은 고령화와 인구급감에 따른 인구이동이 감소함에 따라 중개업무의 기회는 축소되고 있지만, 지역에 기반을 두고 있는 중소 중개업체들은 지역상권 고객과의 긴밀한 관계성을 활용해 세부적인 서비스를 제공할 수 있는 환경이다.

일본은 임대주택 소유자의 고령화로 인해 임대 및 주택 관리 서비스 이외의 집 주인에 대한 생활 서비스(돌봄 서비스, 주거이전 지원 등)를 제공하고 있다. 그리고 부동산 자산에 대한 상속, 세무 상담 등 부동산 자산 관리 측면에서 소비자 중심의 종합컨설팅을 제공한다고 한다.

한국의 부동산 서비스 산업은 각각의 산업별로 일부만 선진화를 보이고 있다. 부동산 거래의 불투명성으로 인한 불법적 거래 행태와 정보의 불투명성으로 소비자는 믿을 만한 부동산 서비스 업체를 찾을 수 없는 것이 현실이고, 정부 정책으로 불안한 부동산 시장의 경기침체를 비롯해 현재 부동산 업계는 수많은 문제점을 안고 있다. 이러한 수많은 문제점을 당장 해결할 수 없다고 하더라도 부동산 서비스 산업에 있는 일선 중개업체와 부동산 사업에 관련된 종사자들의 고민을 해결하기 위해서라도 미국과 일본의 종합서비스 사례를 연구하고, 2018년 6월 20일 시행된 부동산 서비스산업진흥법으로 얻을 수 있는 부동산 사업의 성공적인 비책을 제시하며, 함께 풀어가야 할 것이다.

에필로그

　부동산의 관리는 앞으로 다양성을 추구하며 여러 사항이 복합되어 복잡한 양상을 지니게 될 것이다. 이러한 문제를 해결하려면 우선 체계적인 자체 매뉴얼과 인재육성, 법률제도정비, 전문단체구성 등이 필요하다.

　부동산 관리 그리고 종합시비스를 가장 유용하게 이용하기 위해서는 건축의 설계단계부터 관리의 영역을 포함해 갖춰야 하지만 아쉽게도 그러지 못해 건물의 수명이 조기에 단축되고, 부동산의 관리비용도 비싸게 책정되어 입주자가 피해를 보고 있다. 그로 인해 공실률이 증가하고, 상권이 죽으면서 결국 부동산 시세가 동반하락하는 등의 결과가 초래된다.

　부동산을 효율적으로 관리할 수 있는 방안은 선량한 경영 관리주의 임무를 수행할 수 있는 유능하고, 풍부한 경험을 가진 전문 건물 관리자와 입주자(관리단)의 적극적인 참여로 관리규약 개정 및 하자 관리, 실질적인 장기수선계획수립, 경영수익방안, 단지운영방안 및 종합적인 유지 관리에 필요한 운영기준 및 불법점유 방지를 위한 운영규정 등을 마련하는 것이다. 또한 입주자 스스로 관계법규를 준수하고, 관리단은 예산 사용의 투명성을 보장하기 위해 운영사항을 홈페이지 게시판에 실시간으로 게시해 입주자의 불만을 해소한다. 또한 관리단은 단지 내 상가 활성화를 위해 문화행사를 매개로 주변단지와 의사소통을 강화하고, 입주사 간 정보공유로 시너지 효과 및 업종 간 원윈 효과를 가져올 수 있도록 한다. 서비스 품질은 직원교육에 좌우되므로 경영 관리자의 전문적 관리 능력 향상을 위해 노력하고, 시장분석, 경영노하우, 에너지절약연구, 시설 관리 운영계획, 시설 관리자 평가 등 관리하는 건물과 입주자를 위한 연구를 계속해나가야 한다.

건물 관리업체 및 종합서비스 기업들은 자기가 속해 있는 건물의 장단점을 분석해 관리 기법을 개발하고, 입주자에 대한 이해와 설득, 협조를 통해 집합건물을 효율적으로 관리해야 한다. 또한 건물 관리업체는 부동산 관리의 안정적인 수익을 지향해야 소비자와의 신뢰를 바탕으로 한 다양한 부동산 산업의 연계로 부가가치수익도 창출할 수 있을 것이다.

동탄 신도시 관리비 추세

〈관리비 구성 비율(관리비용)〉

계(%)	일반 관리비	전기료	승강유지비	냉난방비	수도료	수선유지비	기타
100	53	26	1.3	10.8	2.1	4	2.8

- 일반 관리비 : 관리사무소(시설, 청소, 주차, 보안)의 인건비 관련비용
- 기타 : 화재보험료, 소독비, 운영위원회 운영비 등

동탄 신도시 평당 관리비 현황(2015년 12월 31일)

오피스텔명	평당 관리비	선수예치금(평당)
동양 ○○곤	△,000원	△,000원
대우 ○○○○오	△,000원	△,000원

원가 분석(비용 분석) 샘플

단지	월 평균 전기료(원)	건물 평수	비고
동양 ○○곤			
대우 ○○○오			
	약 _____		

냉난방비 원가 분석 샘플

단지	월 평균 냉난방비(원)	건물 평수	비고
동양 ○○곤			
대우 ○○○오			
	약 _____		

수도료 원가 분석 샘플

단지	월 평균 수도료(원)	건물 평수	비고
동양 ○○곤			
대우 ○○○오			
	약 _____		

승강기 유지비 원가 분석 샘플

단지	월 승강기 유지비(원)	승강기 대수	비고
	약 _____		

수선유지비 원가 분석 샘플

단지	월 수선유지비(원)	건물 평수	비고
	약 _____	평	

기타 비용 샘플

단지	월 평균 기타비용(원)	건물 평수	비고
	약 _____	평	

※ 기타비용 : 화재보험료, 부대비용, 보험료, 세금과 공과금

월 평균 관리비 분석 샘플

구분	월 평균 관리비(원)	평당 관리비(원)
일반 관리비(용·역비)		
전기료		
냉난방비		
승강기유지비		
수도료		
수선유지비		
기타		
계		

※ 코스트 측면에서 관리비를 분석·비교해볼 때 월간 관리비 총액 기준 월 평균 기준 원, 평당 관리비는 ○○○원이 되는 것으로 나타났으나 입주율을 고려해 최초 입주 시 선수관리비는 평당 ○○○원으로 책정해야 할 것으로 보인다.

화장실 청소용품비 분석(월) 샘플

계	화장실 청소용품비	화장지 등
원	원	원

참고 자료

- 임범훈(2003) 〈대형집합빌딩의 효율적 관리와 관리비 절감방안〉
- 임범훈(2006) 《신 대형건물의 경영 관리》
- 권형필(2015) 《관리단 분쟁 사례》
- 권형필(2017) 《입주자대표회의 분쟁 사례》
- 권형필(2017) 《관리단 집회 절차 가이드북》
- 이헌(2018) 《소년, 부동산 종합관리로 억대 연봉 되기까지》

부동산 관리도 경영의 시대

초판 1쇄 2020년 5월 5일

지은이 이헌
펴낸이 서정희　**펴낸곳** 매경출판㈜
기획제작 ㈜두드림미디어
책임편집 우민성
마케팅 신영병, 김형진, 이진희, 김보은

매경출판㈜
등록 2003년 4월 24일(No. 2-3759)
주소 (04557) 서울특별시 중구 충무로 2(필동 1가) 매일경제 별관 2층 매경출판㈜
홈페이지 www.mkbook.co.kr
전화 02)333-3577(내용 문의 및 상담)　02)200-2636(마케팅)
팩스 02)2000-2609　**이메일** dodreamedia@naver.com
인쇄·제본 ㈜M-print 031)8071-0961
ISBN 979-11-6484-112-7 03320

책값은 뒤표지에 있습니다.
파본은 구입하신 서점에서 교환해드립니다.

이 도서의 국립중앙도서관 출판예정도서목록(CIP)은 서지정보유통지원시스템 홈페이지
(http://seoji.nl.go.kr)와 국가자료공동목록시스템(http://www.nl.go.kr/kolisnet)에서
이용하실 수 있습니다.
(CIP제어번호 : CIP2020015935)

📍 부동산 도서 목록 📍

㈜두드림미디어 카페(https://cafe.naver.com/dodreamedia)에 가입하시면 도서 1권을 보내드립니다.
Tel : 02-333-3577   E-mail : dodreamedia@naver.com